AF279867

FSC
www.fsc.org
MIX
Papier aus ver-
antwortungsvollen
Quellen
Paper from
responsible sources
FSC® C105338

Von BOA Simon

Meine Lieben Probleme

ich bin für den Erhalt unserer Probleme

Impressum

© 2023 BOA Simon

Lektorat: BOA Simon

Verlag: BoD · Books on Demand GmbH,

In de Tarpen 42, 22848 Norderstedt,

bod@bod.de

Druck: Libri Plureos GmbH,

Friedensallee 273, 22763 Hamburg

ISBN: 978-3-7583-2301-0

PROBLEME BEWAHREN

Kennst du das? Du möchtest nur mit deinem besten Freund oder deiner besten Freundin über dein Problem sprechen und dann kommt jemand daher und sagt:

"Wenn Sie das oder dies machen, dann wird sich das Problem von selbst auflösen!"

" Erstens, was mischen Sie sich ein, zweitens habe ich Sie nicht darum gebeten, für mich das Problem zu lösen und drittens wen interessiert schon eine Lösung für das Problem.

Denn wenn ich dieses Problem wirklich loswerden wollte, dann könnte ich es auch selbst lösen, du Besserwisser. Über was soll ich dann sprechen? " Am liebsten würdest du jetzt sagen: "Hau ab, du Arsch!", aber stattdessen sagst du:

"Und übrigens, ich bin mir sicher, dass sich dieses Problem von selbst lösen wird. Vielen Dank für deine Hilfe und einen wunderschönen Tag noch!" ... Und geh mit Gott, aber geh!", hallt in deinem Kopf doch du widerstehst es auszusprechen.

Schnell wechselst du das Thema und schimpfst über Menschen, die sich überall einmischen.

In diesem Buch erfahren Sie und auch Du hautnah, wie Problemprofis Ihre Probleme immer wieder aufbauen und sie immer wieder neu erscheinen lassen.

Das Problem mit dem Wechsel von Du und Sie werde ich als Vorbild für den Erhalt von Problemen, so lassen.

Das Buch hat kein Lektorat bekommen, keine wollte es für mich bezahlen. Gerne jeden Fehler markieren, dass verbessert deinen Fokus Probleme immer besser wahrzunehmen.

Hier sind allgemeine Tipps und Regeln, die du jederzeit anwenden kannst - oder auch nicht, aber das ist nicht mein Problem. Es gibt keine garantierten Lösungen für Probleme, und wenn es welche gibt, war ich mal wieder inkonsequent.

Die Fähigkeit, inkonsequent zu sein, hindert uns daran, Lösungen für Probleme zu finden, weil wir schnell aufgeben. Letzten Montag habe ich beschlossen, nach einer Woche des Feierns auf eine vegane Ernährung umzusteigen. Am Dienstag danach habe ich dann eine Blutanalyse gemacht und heute die Ergebnisse erhalten. Meine Blutwerte waren noch nie so schlecht. Es stellt sich heraus, dass eine vegane Ernährung vielleicht gut und gesund für andere ist, aber nicht für mich. Meine Blutwerte senden eine klare Botschaft. Schluss mit vegan und zurück zu meiner bewährten Ernährung.

An dieser Stelle befand sich zuvor eine Zusammenfassung der Themen des Buches sowie einige motivierende Worte. Das Buch wird dich faszinieren, überraschen oder dich einfach umhauen. Aber warum sollte ich die Wünsche anderer erfüllen, wenn ich keine Lust dazu habe? Ich verspreche dir jedoch eine Übersicht zu geben, wenn du mein Buch noch 100 Mal kaufst und natürlich auch liest. Hee ganz entstand bleiben, denn das ist eine wichtige Strategie, um Probleme zu bewältigen. Es ist wie das Tanken des Autos erst nachdem es dich an dein Ziel gebracht hat.

Die Ratschläge in diesem Buch sind vielfach erprobt, erheben jedoch keinen Anspruch auf Vollständigkeit. Wenn Sie Verbesserungsvorschläge haben, teilen Sie uns diese bitte mit, damit wir sie nicht berücksichtigen können. Wir möchten sicherstellen, dass die Probleme weiterhin bleiben...

Nach über 20 Jahren habe ich es doch geschafft dieses Buch fertig zu stellen. Deswegen haben sich viele Problemprofis von mir abgewandt. Ein Problem gehen ein anderes eingetauscht, auch okay.

Es ist eine Herausforderung, Probleme am Leben zu erhalten. Wenn die Probleme nicht so fruchtbar wären, hätten wir wahrscheinlich schon alle unsere Probleme verloren. Diese Vorstellung kann jemanden wie mich erschaudern lassen.

Eine Welt ohne Probleme? Was für einen Sinn hätte dann das Leben?

In Buchläden, Supermärkten und kleinen Kiosken (die bald aussterben - wieder ein Problem weniger) gibt es Bücher wie "So werden Sie erfolgreich!".

Niemand fragt mich, ob ich erfolgreich werden möchte. Möchten Sie erfolgreich sein? Ist es nicht eher eine Belästigung? Ich bin glücklich, wie ich bin. Ob ich meinen Arsch vom Sofa hochbekomme oder versuche, mich noch besser in das Sofa einzupassen, ist doch mein Problem, oder? Und wieder sind wir bei unserem und nur unserem Problem. In England gibt es dafür bereits einen passenden Ausdruck: "couch portato" (Sofakartoffel).

Dieser Ausdruck würde eher zu den Energischen passen, denn bei ihnen besteht eher die Gefahr, dass sich Kartoffeln auf dem Sofa einnisten. Unser Sofa wird so intensiv genutzt, dass keine Kartoffel dort lange unzerquetscht bleiben würde.

Hast du schon einmal Kartoffeln auf der Autobahn wachsen gesehen? Die Engländer zu verstehen ist schon sehr angelsächsisch befremdlich.

Ja, es gibt Bücher um fast allen Problemen auszulöschen. Und das Schöne daran ist, dass man nach dem Lesen dieser Ratgeber oft noch mehr Probleme hat!

Ging es Ihnen nicht auch schon einmal so, dass Sie erst nach dem Lesen eines Buches oder eines Artikels in einer Zeitung festgestellt haben: "Oh, ich habe ein Problem!"

Als Titel solcher Artikel steht zum Beispiel:
"So werden Sie Ihre Kopfschmerzen los!".

Weil man in diesem Moment nichts Besseres zu tun hat, also kein Problem beschützen muss, fängt man an, dieses Buch oder den Artikel zu lesen. Und dann steht da: "… in vielen Lebenssituationen bemerkst du deine Kopfschmerzen erst sehr viel später …"

Oh, das ist wirklich ein Problem. Die Kopfschmerzen vom letzten Jahr habe ich heute. Das ist doch toll, so habe ich keine Chance nachzuhalten warum. Die Feier gestern, wo wir auf unsere Gesundheit flaschenweise angestoßen haben, war es nicht. Check!

Anzeichen für beginnende Kopfschmerzen sind unter anderem Stirnrunzeln. Schau schnell in einen Spiegel oder dreh ein Selfie. Stirnrunzeln ist sicher zu erkennen. Das ist also der Anfang von Kopfschmerzen... Ab in die Klinik und gleich. Stopp, erst den Ratgeber weiterlesen. Denn diese Kopfschmerzen kommen doch erst nächstes Jahr oder so.

Leichte Nackenverspannungen…

Konzentrieren Sie sich jetzt auf Ihren Nacken und spannen Sie bewusst jeden Muskel an. Behaupten Sie, dass jeder Muskel entspannt ist?

Nach dem Lesen solcher Artikel oder Bücher hat man oft das Problem, dass man Kopfschmerzen bekommt. Aber hieß das Buch nicht: "So werden Sie Ihre Kopfschmerzen los?" Vielleicht sollte das Buch heißen: "So werden Sie die Kopfschmerzen los, von denen Sie vorher noch nichts wussten."

Oh, das ist wirklich ein Problem. Die Kopfschmerzen vom letzten Jahr habe ich heute, ist das nicht cool?

… Anzeichen für beginnende Kopfschmerzen sind unter anderem Stirnrunzeln…
Schauen Sie schnell in den Spiegel und runzeln Sie nicht gerade die Stirn? Das ist der Anfang von Kopfschmerzen… ab in die Klinik und gleich … Stopp, erst den Ratgeber weiterlesen und dann, denn diese Kopfschmerzen kommen doch erst nächstes Jahr oder so.

Das erinnert mich an die Geschichte von dem Mann, der mit Kopfschmerztabletten nach Hause kommt und sie seiner Frau in die Hand drückt. Daraufhin sagt die Frau: "Ich habe doch keine Kopfschmerzen." Upps, plötzlich sind sie doch da.

Das Buch ist nicht gendergerecht und ich als Autor schreibe meine Ideen ungefiltert nieder. Lesbarkeit ist für mich kein Anliegen. Was bekomme ich dafür von Dir? Warum soll ich

Vorarbeit leisten? Immerhin habe ich das Buch bereits geschrieben und damit Ihre Zeit verschwendet. Sonst musst du dein Gehirn quälen und stundenlang überlegen, wie du eine 5-Minuten-Aufgabe heute nicht in deinen Tagesablauf integrierst. Heute habe ich dir Zeit gestohlen.

Unsere Ärzte sind äußerst kompetent in diesem Bereich. Man betritt die Praxis gesund und verlässt sie krank. Glücklicherweise sind auch die Ärzte mit den Berichten über neue Krankheiten vertraut. Plötzlich werden diese Krankheiten häufiger diagnostiziert als zuvor. Denn auch die Patienten haben die Berichte über die neuen Krankheiten in verschiedenen Medien gelesen und gehört. Sie sind dann sogar noch besser informiert als der Arzt und wissen genau, wann sie Schmerzen haben dürfen und wann eine Bewegung schmerzfrei sein sollte, um die gewollte Diagnose zu erhalten.

Wenn wir uns Klever anstellen, können wir auch die Diagnose Magersüchtig trotz 40% Körperfett bekommen. Gewusst wie ☺

Manchmal sieht man Kinder toben, rennen und richtig Spaß haben. Und plötzlich sieht man mit seinen erwachsenen, auf Probleme geeichten Augen ein Problem! Eines der Kinder hat eine leichte Schramme am Bein. Man läuft wie ein Stier vor dem roten Tuch mit den Hufen scharrt und sich langsam mit lautem Schnaufen in Bewegung setzt. Die Augen sehen rot, das Blut jagt wie ein Tornado durch die Adern und die Luft in den Lungen kocht. Selbst bei weit über 30 Grad steigt der Atem wie weißer Dampf im kalten Winter auf. Man hält die Kinder beim Spielen an und sagt zu einem Kind: "Schau, du blutest am Bein."

Das Kind schaut sich sein Bein an und beginnt schreiend und weinend, sich mit schmerzverzerrtem Gesicht auf dem Boden zu wälzen...

Man betrachtet die gefährliche Wunde genauer: Ein Kratzer von einem Gebüsch. Man sagt dann unbedacht zu dem Kind: "Das ist nichts, du kannst weiter spielen." Und das Kind rennt gleich wieder los und lacht und spielt. So sollte man mit dieser Situation NIE umgehen, denn damit hat man das Problem beseitigt! Das darf aber ABSOLUT NICHT PASSIEREN!

Viel besser ist es, gleich den Notarzt zu rufen, denn dieser Kratzer könnte sich entzünden und später vielleicht zu einer schweren Blutvergiftung führen.

Also eine Chance, ein riesiges Problem entstehen zu lassen! Nutzen Sie diese Chance sofort und greifen Sie automatisch auf bewährte Problemansätze zurück. Es ist wichtig zu beachten, dass Sie nicht bestraft werden, wenn Sie versehentlich ein Problem lösen. Allerdings sollte dies nur unbeabsichtigt oder in größter Not geschehen.

An dieser Stelle möchte ich mich bei all den Ratgebern bedanken, die in vielen Punkten viel besser sind als dieses Buch. Einige dieser Ratgeber tarnen sich als Problemlöser für Probleme, die wir gar nicht hatten oder von denen wir gar nichts wussten. Sie zeigen uns also neue Probleme auf und wie wir etwas loswerden können, was wir bisher noch nicht hatten.

Ich möchte mich jetzt schon entschuldigen für alle Frauen, Männer und andere, die nicht in diesem Buch als Beispiel dienen dürfen. Und wenn Sie jemanden kennen, der in diesem

Buch beschrieben wird, dann seien Sie doch so nett und schenken Sie dieser Person ein Exemplar.

Nun möchte ich über etwas sprechen, was insbesondere uns Männer betrifft.

Die beste Freundin der Lebensgefährtin hat die Idee, ihre Partnerin zu einer Image- und Typ-Beratung einzuladen. Als Mann denkt man sich in diesem Moment: "OH SCHEISSE!!!" und sagt zur Partnerin, die sich gerade auf den Weg macht: "Ich wünsche dir ganz viel Spaß, du wirst sehen, alles wird zauberhaft!" Im Kopf eines Mannes spielt sich dann ein ganz anderer Film ab!

Von wegen, wir Männer können nur eine Sache zur Zeit machen und sind pietätlos. Der Film im Kopf zeigt etwas, vor dem sich jeder Mann fürchtet. Man sieht plötzlich einen Menschen, den man kennengelernt und lieben gelernt hat, gehen. Man weiß, dass man diesen Menschen nie wiedersehen wird. Er wird nicht mehr derselbe sein. Ja, lieber würden wir sogar eine Woche lang die Schwiegermutter in der Wohnung unterhalten.

Und dann kommt der Moment, die Frau kehrt zurück und betritt die Bühne. In diesem Moment ist jeder Mann froh, dass irgendwo in der Ahnenreihe ein unerschrockener Jäger der Steppen mit den Säbelzahntigern gekämpft hat. Denn in diesem Moment gefriert das Blut im Körper des Mannes und vor allem in seinem Gesicht. Leider gefriert das Gesicht genau in dem Moment, in dem man voller Schrecken an den Säbelzahntiger gedacht hat. Die Fremddame in der Tür sieht plötzlich aus wie die Frau, die vor einiger Zeit diesen Raum verlassen hat.

In diesem Moment wird es schlagartig sehr warm im Raum, sodass sich das Gesicht entspannt und ein leises: "Hallo Schatzi, wie war's?" aus der engen Kehle erklingt. Kurz gesagt, bei diesem Treffen wurde der Partnerin mitgeteilt, dass sie sich nun komplett neu einkleiden muss und die sechs Paar Schuhe, die sie vor 2 Monaten brandneu erworben hat, überhaupt nicht zu ihr passen. Vielleicht kann man die noch Umtauschen? Laut der Beraterin muss sie nun etwas gegen ihren Po und für ihren Busen tun. Als Mann sitzt man in diesem Moment wie auf einer Anklagebank im Großen Gerichtssaal.

Alle Blicke sind auf einen gerichtet und man weiß nicht warum. Dann kommt die Anklageschrift über die Lippen der Richterin: " … in vielen Lebenssituationen bemerkt man seine Kopfschmerzen erst sehr viel später …

Es macht keinen Sinn, dieser Richterin zu widersprechen, also akzeptiert man die Strafe, ohne zu wissen, wofür? Vorher war sie doch so glücklich und jetzt sind überall versteckte Fette, ungesunde Produkte und... alles wird zum Problem. Von wegen Image- und Typ-Beratung, damit schafft man Probleme in die Ehe und Partnerschaft hinein.

Es gibt viele Ratgeber, die in diesem Bereich gute Arbeit geleistet haben. Alle Namen in diesem Buch aufzuführen, würde jedoch den Rahmen sprengen. Einige Ratgeber sind wirklich hilfreich bei der Lösung unserer Probleme, aber sie hier namentlich zu erwähnen, kommt nicht in Frage!

Überall gibt es Menschen, die einem helfen möchten und einem ihren Rat aufdrängen wollen, was gut oder richtig ist und wie etwas gemacht werden soll.

Allgemeine Hinweise:

Ich möchte etwas niederschreiben, bin jedoch unsicher, wie ich ausdrücken kann, dass ich bereits alles gesagt habe...

Also, die erste Regel lautet:

Seien Sie immer vage, damit niemand wirklich versteht, was Sie sagen möchten.

Achten Sie darauf, sich möglichst unklar auszudrücken. Niemand sollte die Chance bekommen, Ihnen bei Ihrem Problem zu helfen.

Zum Beispiel:

Sagen Sie niemals: "Ich hab es vergessen und deswegen habe ich etwas nicht geschafft."

Besser: "Aufgrund schwerwiegender, nicht zu lokalisierender Probleme wurden meine Bemühungen vereitelt." Das klingt schon viel besser und lässt den anderen im Dunkeln tappen. Jetzt besteht kaum Gefahr, dass jemand Hilfe anbieten möchte...

Gegenmaßnahme: Natürlich werde ich alles wieder in den Griff bekommen, oder zweifeln Sie daran... (gleich ein schlechtes Gewissen einfließen lassen...).

Wenn jemand fragt, warum es Ihnen gerade nicht so gut geht, gibt es zwei Möglichkeiten, darauf zu antworten. Die erste ist, direkt zu sagen, was los ist.

Das könnte so aussehen: "Ich schaffe es nicht, das TV-Medium mit dem Router zu konfigurieren!" Von dieser Möglichkeit rate ich absolut ab. Bedenken Sie, was Sie gerade tun. Wollen Sie wirklich dieser Person sagen, was mit Ihnen los ist? Wollen Sie wirklich, dass jemand Ihnen hilft? Wollen

Sie wirklich, dass jemand anderes Ihr Problem löst? Ihre Antwort ist Nein! Gut so!!!

Jetzt haben wir beide ein Verständnisproblem, das ich Ihnen gerne überlasse.

Es ist viel besser, weit auszuholen. Damals vor dem Krieg hätte meine Großmutter mütterlicherseits bereits mit diesem Problem zu kämpfen gehabt, wenn sie damals schon einen DVD-Recorder im Wohnzimmer gehabt hätte. Die Glückliche! Damals musste sie sich nicht mit solchen schweren Dingen herumschlagen, wie kann ich...?

Sie konnten noch so viel Zeit an der frischen Luft verbringen. Damals, als wir noch VHS-Videokassetten hatten, war alles ganz einfach, aber jetzt wird alles immer schwieriger...

Es ist auch sehr wichtig, von einer Geschichte zur nächsten zu springen, unabhängig davon, ob sie zusammenpassen oder nicht.

Je mehr Sie den Zuhörer verwirren, desto besser sind Sie.

Und vergessen Sie nicht, den Zuhörer ein wenig zu langweilen...

Also, auf Fragen: **NIEMALS direkt antworten!!!**

Profis unter uns sind sogar so gut, dass sie, wenn man sie auf kalten Kaffee anspricht, folgendes antworten:

"Der Toast ist schon seit Wochen nicht mehr so gut, nicht wahr?"

Sie wissen, wie es geht! Die Frage ignorieren und mit einer Gegenfrage die andere Person abwimmeln.

Noch etwas zum Thema Geschlechtervielfalt:
Es ist offensichtlich, dass Männer und Frauen gleich sind!

Genetisch betrachtet gibt es eine Gruppe mit dem XY-Chromosomensatz und eine Gruppe mit dem XX-Chromosomensatz. Es ist jedoch fraglich, ob wir uns jederzeit frei entscheiden können, welcher Gruppe wir genetisch angehören. In meiner Generation war die Zuordnung zu XX oder XY dauerhaft. Vielleicht hat sich das durch Corona verändert?

Es ist interessant zu bemerken, dass die XY-Gruppe im Laufe der Evolution einen Teil des X-Chromosoms verloren hat. Möglicherweise handelt es sich dabei um den Teil, der für Kommunikation und Zuhören verantwortlich ist. Es könnte auch der Teil sein, der für die Produktion von Östrogenen und die Reduktion von Testosteron verantwortlich ist. Die XY-Gruppe ist daher mit weniger evolutionären Informationen ausgestattet und hat daher oft Unrecht und ist sehr einfach gestrickt. Die Evolution hat die XX-Gruppe mit mehr Informationen und Wissen ausgestattet.

Obwohl wir alle die gleichen Chancen haben sollten, haben wir nie die gleichen Voraussetzungen, um etwas zu erreichen. Es gibt Situationen, in denen die XX-Gruppe mit der XY-Gruppe spielen kann, ohne dass die XY-Gruppe die Manipulation überhaupt bemerkt.

Die Welt ist von Geburt an ungerecht. Als Eltern können wir nicht alle Kinder gleichbehandeln, wir können nur einem Kind als erstes "Guten Morgen" sagen, es als erstes auf den Schoß nehmen. Nur ein Kind kann bei einem Spiel gewinnen, nur eines kann direkt rechts von einer Person mit XX- oder XY-

Chromosomen sitzen. Nur eines kann das erstgeborene Kind sein, nur eines kann... das gilt auch für Zwillinge. Selbst wenn beide in die gleiche Richtung schauen, ist der Blickwinkel von beiden nicht identisch, sodass jeder etwas anderes sehen kann.

In einem Unternehmen gibt es bei den Betriebsratswahlen eine Regel, um eine Ungerechtigkeit zu mindern. Bisher haben sich immer deutlich weniger Personen aus einer bestimmten Gruppe zur Wahl aufstellen lassen. Um diese Ungerechtigkeit auszugleichen, wurde eine Regel eingeführt, die der benachteiligten Gruppe eine bevorzugte Behandlung ermöglichte. Vor einigen Jahren hat sich jedoch plötzlich die Zusammensetzung der Kandidaten nach Gruppen verändert. Als die bisherige "Minderheit" plötzlich zur Mehrheit wurde, sollte die Sonderregel abgeschafft werden, da nun alles gerecht sei. Ich musste darüber herzlich lachen. Da hat sich eine Person selbst ein Problem aufgebaut.

Dieses Phänomen ist jedoch normal. Wir fühlen uns unserer eigenen Gruppe immer stärker verbunden als einer fremden. Wir suchen immer nach unserem eigenen Vorteil und unserer Anerkennung. Niemand handelt gegen seine Überzeugungen und Lebensvorstellungen. Wenn wir anderen Menschen helfen, dann tun wir das auch für uns selbst. Denn dadurch fühlen wir uns besser oder unterstützen eine noch wichtigere Einstellung von uns.

Ich bin der einzige, die einzige Ausnahme und schreibe dieses Buch nur und ausschließlich für Sie! Ich bin auch der einzige, außer Dir selbst, der sich für Dein Wohl interessiert. Ich möchte, dass du deine lieben Probleme behältst und deswegen neue Probleme in die Gesellschaft trägst. Das Du glaubst, dass du alle nur für andere machst.

Warum habe ich überhaupt über Geschlechter geschrieben? Vermutlich aus dem Bedürfnis nach Anerkennung. Oder weil ich betonen wollte, dass Eltern ihre Kinder zwar "fast gleich" lieben können, sie aber nie gleich behandeln können. Genauso können wir auch nicht alle Menschen gleich behandeln, auch wenn wir es zunächst wollen.

Jetzt habe ich es warum, weil ich gerne von einem zum anderen Thema springe und dadurch möglichst keine Position beziehen möchte.

WAS MUSS ICH TUN, UM PESSIMISTISCH ZU SEIN

Es gibt viele Menschen, die denken, dass es bereits genug Pessimisten gibt und dass jeder von uns mindestens einen kennt. Dennoch ist es eine schwierige Aufgabe, sich dem Trend des "Positivem Denken" in unserer Welt zu widersetzen. Glücklicherweise gibt es immer wieder Menschen (Staatschefs) in unserem Umfeld, die es schaffen, diesem Trend entgegenzuwirken.

Bevor wir jedoch dazu kommen, wie man sich diesem Trend widersetzen kann, möchte ich Ihnen einige Beispiele geben. Nehmen wir zum Beispiel Frau Martha. Sie war schon immer eine Pessimistin, die selbst im Sonnenschein den Regen sehen konnte. Sie war besser als alle Wahrsager und Hellseher zusammen, denn diese erzählen nur von Schicksalen, die gut ausgehen oder von wunderschönen Ereignissen im Leben, die nie passieren. Dass jeder sein Schicksal selbst beeinflussen kann, ist klar, aber für uns nicht interessant.

Frau Martha lebt in einer mittelgroßen Stadt. In ihrer Straße hat sie alles im Blick und weiß oft schon von Dingen, von denen die Betroffenen selbst noch nichts wissen. Sie beginnt jeden Morgen mit dem Lesen der Zeitung (e-paper) und dem Hören des Radios, um bestens informiert zu sein und kein schlechtes Ereignis zu verpassen.

Wie oft hatte Frau Martha schon recht? Die Tochter des Nachbarn kommt heute Morgen mit einem fremden jungen Mann aus dem Haus. "Habe ich etwas verpasst? Oh, sie scheint einen neuen Freund zu haben, aber das wird doch sowieso nichts werden mit den beiden. Die Tochter ist doch erst 20 und hatte schon über 4 Freunde gehabt und auch mit diesem wird es nichts werden, warum wartet die Tochter nicht auf den richtigen Mann aber doch nicht diesen, ja die Jugend von heute!

Ich damals hatte auf den Richtigen gewartet und den auch sofort geheiratet als es Zeit war. Ich weiß aber jetzt schon, dass das mit den beiden nichts werden kann."

Frau Martha wusste es schon bei all den anderen Freunden, die die Nachbarstochter hatte. Mit 16 Jahren ihren ersten Freund und dann auf der Straße schon geküsst. Das konnte nichts werden. Und übrigens, der Nachbar rechts gegenüber hat sich vor 2 Jahren und 113 Tagen ein gebrauchtes Auto gekauft und sie wusste schon damals, dass es damit immer wieder Probleme geben wird. Das war damals ein Samstag und es hat geregnet, das sind schlechte Vorzeichen für einen Autokauf. Sie hatte dem Nachbarn gesagt, man weiß nicht, ob es nicht ein Unfallwagen ist und welche Schäden sich im Auto verbergen. Ja, bei Gebrauchtwagen ist man immer in der Werkstatt. Wahrscheinlich machen das die Autohändler absichtlich. "Wir mit unserem neuen Auto waren erst nach 3 Jahren zum ersten Mal in der Werkstatt zu Reparatur und der andere Nachbar, der ein 3 Jahre altes Auto gekauft hat, schon nach 2 Jahren aber er und die anderen wollen nichts lernen.

Damals, als ich noch jung war", schwelgte Martha in Erinnerungen ab. "war die Hälfte der Einkommen über den Durchschnitt und alles war besser. Die Hälfte der Menschen liegt nun unter dem Einkommensdurchschnitt, ebenso liegt
die Hälfte der Schüler in den Schulen unter dem Bildungsdurchschnitt, ja wir müssen uns auf eine schwere Zeit einstellen, in der unter der Mitte mehr ist als darüber."

"Und die Politiker, die sich nur das anschauen, was ihnen gerade in den Kram passt, sie sprechen von Wachstum und positiven Prognosen. "

Vor 5 Jahren ging der Bäcker, bei dem mein Mann gearbeitet hat, pleite. Der Grund dafür war, dass vor 8 Jahren ein Billigdiscounter nebenan eröffnete und mit seinen günstigen Brot- und Fleischangeboten den Markt übernahm. Auch der Metzger, bei dem ich seit 8 Jahren nicht mehr einkaufe, hat mit dieser Konkurrenz zu kämpfen. Es ist wirklich bedauerlich. Man sollte solche Billigdiscounter verbieten, da sie unserer Gesellschaft nur schaden.

Die Sommer sind nicht mehr so, wie ich sie früher kannte. Die Winter waren kalt und immer mit Schnee bedeckt, während die Sommer warm und trocken waren. Doch jetzt scheint alles den Bach runterzugehen.

Gestern habe ich mir die Angebote eines Schuhladens angesehen und es hat sich bestätigt: Der Laden war immer viel zu teuer. Jetzt kosten die Schuhe nur noch die Hälfte. Das bedeutet, dass wir bisher doppelt so viel bezahlt haben, wie nötig war. Kein Wunder, dass die Geschäfte immer weniger Kunden haben. Überall wird man abgezockt und zahlt viel zu viel. Ich müsste dringend zum Friseur, aber mein Friseur bietet nie Rabatte an. Er könnte den armen Rentnern doch einen kleinen Preisnachlass gewähren. Seit mein Mann und ich Rentner sind, können wir nur noch die Hälfte sparen. Früher waren es 100 DM, jetzt sind es nur noch 50 Euro.

Mein Mann hat mir seit 3 Jahren keine Blumen mehr geschenkt. Das ist wirklich schlimm. Ich erinnere mich genau daran, wie er mir vor 3 Jahren zum letzten Mal einfach so Blumen mitgebracht hat. Ich fragte ihn sofort, warum er mir diese Blumen geschenkt hat. Seine Antwort war: "Einfach so, weil ich dir etwas Gutes tun wollte." Ich wusste sofort, dass da eine andere Frau im Spiel war. In den nächsten 6 Monaten habe ich ihn genau beobachtet und jedes Mal, wenn er nach Hause kam, in den Arm genommen, um zu riechen, ob er nach einem fremden Parfüm roch.

Er verhielt sich in dieser Zeit auch sehr merkwürdig, als ob er sich beobachtet fühlte. Einmal habe ich tatsächlich etwas gerochen, aber er behauptet immer noch, dass es mein Parfüm war. An diesem Morgen hatte ich mich mit einem neuen, intensiven Parfüm eingesprüht und ihn so umarmt, dass er auch etwas davon abbekam. Als er nach 20 Minuten vom Einkaufen zurückkam, roch er immer noch nach diesem Parfüm. Ich habe ihn zur Rede gestellt und er hatte nur Ausreden parat. Seitdem benutze ich dieses Parfüm nicht mehr. Zum Glück verzeihe ich schnell und nach 3 Monaten habe ich wieder angefangen, für ihn mit zu kochen.

Seit 3 Jahren hat mir mein Mann keine Blumen mehr geschenkt. Damals hatte ich recht, es steckte eine andere Frau dahinter. Deshalb möchte ich eigentlich auch keine Blumen mehr. Außerdem sind die Blumen im Blumenladen viel zu teuer geworden, deshalb kaufe ich dort nicht mehr ein. Letzte Woche haben wir den Blumenhändler um Spenden für unseren Seniorenverein gebeten. Er meinte, dass immer weniger Leute bei ihm einkaufen und er deshalb auch nicht mehr spenden könne. Bei der anschließenden Seniorenversammlung haben wir das Thema ausführlich besprochen.

Es ist auffällig, dass die Einzelhändler nicht mehr spenden und in den Supermärkten, in denen wir einkaufen, kann man schlecht nach Spenden fragen. Die Entscheidungsträger sind an anderen Orten und interessieren sich nicht für Spenden für unseren Seniorenverein. Früher hat der Blumenhändler immer großzügig gespendet. Die Blumen im Supermarkt in der nächsten Stadt sind günstiger und in diesen Zeiten muss man auf jeden Cent achten. Man kann kein Geld verschenken. Alles wird immer schlimmer in unserer Stadt.

Es gibt einige wichtige Punkte, die man immer beachten sollte: Nichts ist so gut, dass man nicht auch etwas Schlechtes daran finden könnte. Selbst ein Lottogewinn hat seine Nachteile. Er kommt zu spät. Warum haben wir den Lottogewinn nicht schon vor 5 Jahren gehabt? Dann wären die letzten Jahre viel einfacher gewesen. Jetzt müssen wir aufpassen, denn jeder ist hinter unserem Geld her. Noch mehr Probleme also.

Wie können wir das Geld ausgeben, ohne dass jemand merkt, woher es wirklich stammt? Gleichzeitig sollen alle Nachbarn neidisch sein auf das, was wir uns nun leisten können. Alle sollen glauben, dass wir uns die neue S-Klasse und den Hausumbau hart erarbeitet haben. Danach kommen dann noch die Vereine, die Spenden wollen. Nein, wir müssen noch mehr aufpassen, dass wir das Geld behalten. Wir dürfen höchstens 20 oder besser nur noch 10 Euro spenden, sonst könnte jemand merken, dass wir im Lotto gewonnen haben. Wir dürfen auch nicht so werden wie die anderen Millionäre, die ihr Geld zufällig verdient haben und jetzt darauf sitzen.

Stellen Sie sich vor, Ihre Freundin oder Frau empfängt Sie abends in Reizwäsche und versucht, Sie zu verführen. Sie flüstert Ihnen etwas Unanständiges ins Ohr und bewegt sich verführerisch. Es scheint, als würden all Ihre Wünsche in Erfüllung gehen und Sie könnten dahinschmelzen. Aber halt, etwas ist seltsam. Warum sollte ich ausgerechnet heute bekommen, worauf ich so lange gewartet habe? Keine Ahnung! Vielleicht ist es besser, alles erst einmal zu unterbrechen.

"Oh, meine süße Maus, heute bin ich total erledigt und nicht in Stimmung!"

Als rationaler Mann weiß man, dass, wenn eine Frau es ernst meint, sie es auch noch ein- oder zweimal versuchen wird. Sie kann nicht wirklich wollen, was sie mir gerade ins Ohr geflüstert hat. Das ist bestimmt ein Test!

Wenn man als Mann den Jahrestag des ersten Kusses, der ersten Umarmung, der ersten Nacht, der Verlobung, der Hochzeit und einiger weiterer Tage vergisst, ist garantiert Ausnahmezustand angesagt! Eine gute Strategie ist es, spontan Blumen zu schenken. Wenn man mehr als drei Mal im Jahr Blumen schenkt, erwischt man fast sicher einen dieser Tage. (Nur so nebenbei bemerkt) Allerdings kann sich spontanes Blumenkaufen auch negativ auswirken. Wenn nicht die Partnerin die Idee hat, wird ihre beste Freundin ihr erklären, dass spontane Geschenke vom Ehepartner immer als Alarmsignal zu deuten sind.

"Da ist bestimmt eine andere Frau im Spiel, oder dein Mann erwartet etwas von dir." Egal was und wie Sie es anstellen, Sie können immer etwas Negatives in der besten Situation finden. Ein Problemprofi ist jemand, der diese Regel automatisch anwendet. Zum Glück gibt es Statistiken. Und wenn es keine gäbe, würde ich sie persönlich erfinden. Statistiken anzuschauen ist wunderbar, denn in jeder Statistik findet man etwas, womit man seine Probleme bestätigen kann.

Haben Sie sich nicht auch schon gewundert, dass manche Menschen immer etwas finden, das ihr Handeln bestätigt?

Und was eignet sich dafür besser als eine Statistik! Fakten pur! Statistiken sind absolut zuverlässig, denn sie liefern genaue, überprüfte und von Experten unterstützte Informationen, die von unbestechlichen Computern gesammelt wurden. Manchmal nutzen Politiker Statistiken sogar, um zu klären, ob auf dem Mond Linksverkehr oder Rechtsverkehr besser wäre. Wenn man die Probleme von heute nicht lösen kann oder will, sucht man eben Probleme von morgen, um diese zu lösen. Auf der Erde haben wir es aufgegeben, diejenigen zu bekehren, die auf der falschen Straßenseite fahren. Also müssen wir sicherstellen, dass mögliche Probleme auf dem Mond sofort im Keim erstickt werden. Die Statistiken besagen: Auf der Erde sterben mehr Menschen im Rechtsverkehr! Daraus kann nur eines geschlossen werden: Rechtsverkehr ist absolut gefährlich! Nochmal, es sterben viel mehr Menschen im Rechtsverkehr als im Linksverkehr. Wir betrachten hier absolute Zahlen, bereinigt von allen unwichtigen Details, die niemanden wirklich interessieren. Zum Beispiel die Verkehrsdichte der Länder oder die zugelassenen Fahrzeugtypen. Diese Daten dienen meistens nur zur Ablenkung und nicht zur Information. Haben Sie sich nicht schon oft gefragt, was die Statistiker mit "bezogen auf 1 Million Einwohner?" meinen? Und was bedeutet es, wenn die Wahrscheinlichkeit, in einem kleinen Dorf, in dem vielleicht alle 20 Jahre jemand ermordet wird, größer ist als in New York, Moskau oder einer anderen Weltmetropole, in der fast jeden Monat jemand stirbt? Mir drängt sich immer mehr der Gedanke auf, dass Statistik und Wahrscheinlichkeit irgendwie zusammengehören.

"Wie wahrscheinlich ist es?" Wir waren beim Linksverkehr. Wie man aus den absoluten Zahlen entnehmen kann, sollte auf dem Mond Linksverkehr eingeführt werden. Ein Politiker, der trotz der erschreckenden Zahlen für Rechtsverkehr argumentiert, meint, man müsse die Statistik genauer betrachten und hinter die Zahlen schauen. Man sollte die Statistik bezogen auf Zulassungen, Verkehrsaufkommen und Bevölkerungsdichte betrachten. Dann sehen die Zahlen schon anders, um nicht zu sagen gegensätzlich, aus.

Statistisch gesehen gehen in Deutschland mehr Frauen als Männer fremd. Wenn man zusätzlich bedenkt, dass mehr Frauen als Männer leben, ergibt sich, dass Männer treuer sind. Das bedeutet natürlich eindeutig, dass Männer Treue ernster nehmen als Frauen. Und Frauen einfach mehr Gelegenheiten ausnutzen.

Nun etwas Praktisches zum Umgang mit Statistiken: Statistisch gesehen beträgt die Wahrscheinlichkeit, mit einem normalen Würfel eine Sechs zu würfeln, genau 1 zu 6. Sie haben sich bestimmt schon gefragt: "Wieso wirft mein Nachbar fast nur Sechs und ich fast nur Eins und Drei?" Wir gehen davon aus, dass alle mit einem fairen Würfel würfeln oder jeder im Besitz eines fairen Würfels ist. Fair bedeutet, dass der Schwerpunkt des Würfels genau in der Mitte liegt. Anders gesagt, der Würfel ist nicht manipuliert, um eine Zahl häufiger zu würfeln. Wenn der Nachbar also immer nur Sechs würfelt, hat er gerade eine Glückssträhne. Wenn das Würfelspiel lange genug dauern würde, würden alle fast gleich oft jede Zahl würfeln.

Wenn Sie das Glück herausfordern möchten, setzen Sie auf eine beliebige Zahl von Eins bis Sechs und zu über 80 Prozent werden Sie verlieren. Und übrigens, die Statistik gewinnt immer!

Was muss ich tun, um ein Pessimist zu sein?

Ich muss hinter der Sonne die Wolken sehen können, nach einer Feier ans Aufräumen denken, bei jeder Herausforderung sofort überlegen, was alles schiefgehen kann, vor einer Prüfung darüber nachdenken, was passiert, wenn ich scheitere, beim Aufstehen schon ans Schlafengehen denken und überall nach dem Haken suchen. Und wenn ich keinen finde, dann schlage ich selbst einen Haken in die Wand.

Einige behaupten, als Pessimist müsse man das Leben immer anders sehen. Das Leben ist von Geburt an ein Wunder und gibt jedem Menschen die Chance, etwas daraus zu machen. Wir können zwar nicht wählen, wo wir geboren werden, aber wir können wählen, was wir aus unserem Leben machen.

Ich bin sehr zufrieden damit, dass immer mehr Menschen in anderen Menschen etwas Schlechtes sehen und alles daran setzen, sie mit Vorbehalten zu überziehen.

Gerade in unserer Medialen Welt ist es besonders leicht seine Meinung bestätigt zu bekommen. Dreimal etwas negatives länger als schönes anschauen und der Algorithmus wird und bei der Suche nach schlechten Nachrichten aus der Welt unterstützen.

WIE KANN ICH AN ETWAS 10000MAL SCHEITERN?

An alle Mütter und diejenigen, die es werden wollen oder auch nicht: Was bedeutet es, wenn ein Kind sagt: "Mama, ich habe versucht die Tür zu öffnen."? Ist die Tür offen oder geschlossen? Die Antwort ist klar: Die Tür ist geschlossen!

Ich habe versucht, dieses Kapitel seit Tagen zu schreiben, aber komme einfach nicht voran. Immer wieder geht es um Versuche. Eltern sagen oft zu ihren Kindern: "Versuch doch mal etwas aus deinem Leben zu machen!" Dabei wählen sie oft Sätze wie: "Oh Elende, immer noch am Studieren, immer noch im alten Job, immer noch das alte Auto und immer noch die alte Freundin. Nein, bei Beziehungen wird doch öfters etwa Folgendes gesagt: " Bei Beziehungen hört man oft: " Was aber in diesen Augenblicken insbesondere in den Köpfen der Männer vorgeht, ist: " Doch was denken Männer in solchen Momenten wirklich? "Gott sei Dank funktioniert mein altes Auto noch und wie werde ich die alte Freundin nur los?" Nicht alle Männer denken so, aber den meisten geht es ähnlich.

Frauen sind gut, Männer sind schlecht oder umgekehrt. Wie es besser für dein Motzen ist.

Aber genug davon, kommen wir zum Thema: Wie kann man etwas 1000 Mal versuchen und jedes Mal scheitern? Fangen wir mit der ersten Methode an:

Gar nicht erst anfangen.

Man tut so, als ob man etwas anfangen möchte, aber fängt es gar nicht an. Es gibt verschiedene Möglichkeiten, wie man das erreichen kann. Zum Beispiel: Abnehmen, mit dem Rauchen aufhören, Sport treiben, weniger fernsehen, mehr Zeit mit dem Partner verbringen. Man nimmt sich vor, ab morgen damit anzufangen. Und wenn der Morgen da ist, ist man sich sicher: "Morgen geht es los!" Das Gute daran ist, dass morgen erst morgen ist und nicht heute. Man kann also heute gar nicht anfangen, weil man ja gesagt hat, dass man morgen anfängt. Okay, denkt man sich, ab morgen ist es soweit und ich fange endlich an, etwas aus meinem Leben zu machen. Ich versuche es nicht mehr, ich mache es einfach, Punkt! Nichts wird mich davon abhalten können, nicht einmal der Untergang der Welt kann mein eisernes Bestreben jetzt noch bremsen oder stoppen. Ab morgen werde ich mein Leben verändern und endlich etwas daraus machen. Bevor ich jedoch morgen mit der harten Aufgabe beginne, möchte ich mich heute noch einmal richtig erholen und Spaß haben. Also schlafe ich heute noch einmal aus und treffe mich mit meinen Freunden, um Abschied vom Leben zu feiern. Ich rufe alle meine Freunde an. Heute und dann nie wieder, und natürlich treffen wir uns ausnahmsweise schon zum Mittagessen.

Als ich meinen Freund Paule anrief, steckte ich ihn mit meiner Energie an. Ich erzählte ihm, dass ich ab morgen um 6 Uhr aufstehen werde. Um wach zu werden, werde ich nur noch kalt duschen und mich unter kaltem Wasser rasieren. Kein lauwarmes Wasser mehr und auch kein extra weiches Gleitgel. Ich werde nicht mehr im Bett liegen bleiben und wieder einschlafen. Das mache ich nicht mehr. Ich werde nicht mehr versuchen, sondern handeln. Denn das Leben besteht aus Taten, nicht aus Versuchen. Das ist das Leben! Wir hatten einen tollen Abend und haben meinen Abschied bis 6 Uhr morgens gefeiert.

Versuche sind schlimmer als Treibsand. Im Treibsand merkt man schnell, dass man in Schwierigkeiten steckt und kann Maßnahmen ergreifen. Man bewegt sich nicht mehr und ruft um Hilfe. Auch wenn man sich nicht selbst helfen kann, weiß man zumindest, in welcher Lage man sich befindet. Bei Versuchen hingegen bleibt alles wie gewohnt. Man kann darin versinken und keine Luft mehr zum Atmen haben und trotzdem weiterleben. Der Abschiedsabend war großartig. Wir haben über mein neues Auto gesprochen und uns vorgestellt, wie die attraktive Nachbarin aussieht, die mich bisher nur ausgelacht hat. Damit ist jetzt Schluss. Ich werde mir dieses tolle Auto kaufen und erfolgreich sein.

Mein Waschbärbauch wird zu einem Waschbrettbauch. Bald wird mein Chef zu mir kommen und mich bitten, mehr Verantwortung zu übernehmen. Er wird mir ein Büro neben seinem anbieten. Damit ich diese Verantwortung tragen kann, wird er mir eine saftige Gehaltserhöhung geben. Nicht nur 20 Prozent, sondern mindestens das Doppelte. Ich werde auch Gleitzeit haben. Das bedeutet, ich komme wie der Chef um 9 Uhr ins Büro. Jetzt bin ich schon um 7:30 Uhr da. Mein Chef geht manchmal schon um 12 Uhr nach Hause und behauptet, er müsse außerhalb des Büros Geschäfte erledigen. Aber ich habe ihn oft nachmittags in einem Café mit fremden Leuten gesehen. Und dann die schönen Ausflüge mit dem Privatflugzeug nach Polen oder in den Osten. Das sind sicherlich Urlaubsausflüge. Was mein Chef kann, kann ich auch.

Am frühen Abend habe ich an meinen Fähigkeiten gezweifelt, aber nach der ersten Kiste Bier wurde mir klar, welche Fähigkeiten in mir schlummern. Ja, ich bin gut, ja, ich bin großartig, ja, ich bin betrunken, nein, nicht besonders betrunken, sondern einfach betrunken. Nach den nächsten 4 Kisten Bier wurde mir klar, dass mein Chef mich ausgenutzt hat und ich in Wirklichkeit den Laden schmeiße. Deshalb sollte ich eigentlich der Chef sein.

Aber mal im Ernst, wie kann man einen so wichtigen Tag ohne Schlaf und mit über 2 Promille beginnen? Wenn ihr ehrlich seid, werdet ihr verstehen, dass ich heute wirklich nicht anfangen kann. Bevor ich mein Leben mit viel Energie beginnen kann, muss ich mich erst erholen und ausschlafen. Deshalb gehe ich jetzt schlafen und fange definitiv morgen mit meinem neuen Leben an. Oder zweifelt jemand von euch daran?

Diese Taktik hat sich als sehr erfolgreich erwiesen. Wenn man etwas versucht und es nicht schafft, kann man einfach gar nicht erst damit anfangen. Gefährlich wird es nur, wenn man versucht, Handeln zu ersetzen. Also macht diesen Fehler auf keinen Fall! Sonst könnte es passieren, dass ihr es schon beim ersten Mal schafft. Als abschreckendes Beispiel: Ich nehme mir vor, ab morgen meine Ernährung umzustellen. Also esse ich heute schon so, wie ich es morgen machen möchte. Ich esse Proteine, Gemüse und trinke klares Wasser. Wenn ich dann morgen aufstehe, habe ich bereits einen Tag damit verbracht, etwas aus meinem Leben zu machen. Der erste Tag ist dann schon der zweite. Und was sehr wichtig ist: Ich werfe alles aus der Küche weg, was ich nicht mehr essen möchte, anstatt es aufzuessen.

Aber man sagt doch: "Man darf kein Essen wegwerfen!" Also esse ich lieber alles auf und muss es dann morgen wieder abtrainieren. Wie logisch ist das? Also weg damit! Vom Denken an Sport verbrennt man keine Kalorien, also denke ich nicht, sondern tue es!

Ein alter Mönch sagte einmal: "Was du schaffst einmal zu tun, dass gelingt dir auch ein zweites, drittes und viertes Mal. Du kannst es immer wieder schaffen!" Ein junger Mönch setzte sich vor ein geöffnetes Buch und versuchte mit der Kraft seines Geistes eine Seite umzublättern. "Was ist schon eine Seite?", dachte der junge Mönch, der schon mit bloßer Hand Nägel in einen Stamm schlagen konnte. Er sitzt immer noch vor der ersten Seite des Buchs, während sein Meister schon lange tot ist.

Dieser Artikel widmet sich der beeindruckenden Kraft des Versuchs. Lassen Sie uns etwas ausprobieren und sehen, was daraus wird. Ein Versuch kostet nichts und spart uns sogar Zeit. Wir haben die Möglichkeit, etwas zu tun und daran zu scheitern. Da der Versuch uns die Möglichkeit gibt, Zeit in verschiedene Richtungen zu investieren, können wir selbstbewusst anderen Menschen gegenübertreten und sagen: "Ich versuche etwas aus meinem Leben, aus meinem Job und mit meiner Familie zu machen!"

Meine Freundin versteht nicht, dass ich versuche, unserer Beziehung mehr Zeit zu widmen, indem ich Fußball schaue. Ich bin doch hier, oder? Ich versuche sogar, einen tollen Körper zu bekommen, denn der Stress beim Betrachten von Sportveranstaltungen ist hoch und der Kalorienverbrauch damit gigantisch! Männer versuchen auch immer, ihre Frauen zu verwöhnen und geben sich große Mühe dabei. Ja, das Vorspiel ist wichtig! Wenn ich meiner Frau sage, dass ich das Endspiel der Fußballweltmeisterschaft sehen möchte, sagt sie: "Ja, das machen wir! Ich komme sogar mit ins Stadion!" Doch einen Tag später, wenn ich das Spiel zwischen Hamburg und Bayern München sehen möchte, höre ich: "Ich schaue mir nur das Endspiel an." Ich erinnere sie dann: "Also meine Liebe, du möchtest mit mir das Endspiel anschauen gehen, also möchte ich auch das Vorspiel mit dir sehen." Sie antwortet: "Schauen wir uns heute Hamburg gegen Bayern München an?" Wann trifft sie ein? Natürlich nach dem Spiel! Sie sagt: "Sorry, mein

Schatz, ich habe versucht rechtzeitig hier zu sein, aber ich habe es einfach nicht geschafft. Da war was im Supermarkt, dass musste ich mir unbedingt anschauen! Und außerdem, mein Schatz, mich interessiert kein Vorspiel, ich möchte nur das Finale." Ich denke mir: "Wow!" Später im Bett macht sie mich verrückt, kommt näher und flüstert mir Dinge ins Ohr, die ich besser nicht weitergebe. Zwei Minuten nach dem Finale liege ich glücklich auf dem Rücken und was kommt jetzt? "Wo war das Vorspiel, Blödmann!!!" Ich antworte: "Hallo, du hast doch heute gesagt: Ich mag nur das Finale! Und ich habe nur versucht deinen Worten zu folgen." Manchmal kann es zu viel sein, etwas zu versuchen. Es reicht nicht immer aus, Strategien zu ändern oder durch Versuche zu handeln, um etwas nicht zu schaffen!

Es erfordert viel Energie, immer wieder zu scheitern. Leider wird in unserer Gesellschaft solchen Leistungen nicht genug Anerkennung entgegengebracht. Stattdessen werden Menschen mit diesen Fähigkeiten ständig kritisiert. Diese Kritiker sollten sich überlegen, was passieren würde, wenn all diese Menschen plötzlich ihre Energie darauf verwenden würden, etwas zu schaffen anstatt etwas nicht zu schaffen. Es ist auch eine Kunst, sich tausendmal mit derselben Sache zu beschäftigen und aus Niederlagen keine oder falsche Schlüsse zu ziehen. Arbeit wird immer knapper, deshalb sind wir Nichtstuer besonders wichtig für die Gesellschaft.

Es ist ganz einfach, etwas 1001-mal zu versuchen und immer daran zu scheitern, indem man sich von Anfang an die schwierigsten Aufgaben vornimmt. Wenn man diese Aufgabe schafft, weiß man, dass man auch alles andere schaffen kann. Anders ausgedrückt: Wir könnten jedem Kind gleich zu Schulbeginn seine Abiturprüfungen vorlegen und wer diese Aufgaben besteht, bekommt sofort das Abitur und spart sich 12 Jahre Schule. Wenn wir uns zu große Herausforderungen vornehmen, können wir sicher sein, dass wir es nicht schaffen. Also sollten wir nicht mit kleinen Schritten versuchen, etwas zu erreichen, denn sonst könnte es versehentlich und fatalerweise doch klappen, und wer möchte das schon?

KEIN PROBLEM

Es gibt kaum etwas, das ein Problem besser verbergen kann als der Ausdruck "Kein Problem!". Wenn jemand möchte, dass ich etwas ändere, was ich aber nicht ändern möchte, dann sage ich einfach "Kein Problem!" und mein Gegenüber ist wie gelähmt. Warum entkräfte ich seine Argumente so effektiv? Weil ich ihm die Möglichkeit nehme, weiter auf das Thema einzugehen. Wenn er noch weiter darauf besteht, kann ich antworten: "Wieso glaubst du mir nicht?" und hinzufügen: "Das ist wirklich absolut kein Problem! Oder vertrauen Sie mir nicht?" Jetzt bin ich in der Offensive und der andere muss sich rechtfertigen. So einfach ist das. Mit nur zwei Worten: "KEIN PROBLEM!" Unter uns gesagt, "KEIN PROBLEM!" hat eine ähnliche Bedeutung wie "Ja, Ja!" Im Norddeutschen wird es mit "Leck mich am Arsch!" übersetzt.

Ein gutes Buch würde das Wort "Arsch" jetzt durch "Endproduktausscheidungsorgan" oder "Dickdarmausgang" ersetzen. Oder für diejenigen, die Umschreibungen mögen: "Lasse deine Zunge da gleiten, wo die Sonne nie hinscheint!" Ein gutes Buch würde Ihnen auch Ratschläge geben, wie Sie Ihre Probleme lösen können, anstatt Ihnen zu zeigen, wie Sie sie besser verbergen können. Falls Sie es noch nicht bemerkt haben, dieses Buch ist nicht gut. Es ist sogar so schlecht, dass aus minus und minus und minus doppelt plus wird. In der Musik gibt es auch ein Duo, dem in den Pausen zugejubelt wird, in der Hoffnung, dass sie nach jedem Lied aufhören, aber sie singen immer noch...

Aber nun zur Übersetzung von "Kein Problem!":

1. Ich sehe nicht ein, dass Ihr damit ein Problem habt und habe keine Lust, es mit euch auch noch zu diskutieren.

2. Ihr seid das Problem und nicht ich. Ihr habt gerade nur Glück, dass ich so gut drauf bin, sonst würde ich euch jetzt einfach auseinandernehmen.

3. Was soll das? Erzählt mir, was ihr wollt, ich mache sowieso, was ich möchte.

4. Ersatz für "Ja, Ja!"

5. Wenn ich wirklich gut bin, dann glaube ich, dass es KEIN PROBLEM ist und nehme Kritik nicht einmal wahr, sondern sehe sie als Bestätigung meiner Handlungsweise. Es ist einfach Neid, der aus diesen Menschen spricht und den Raum erfüllt.

Vor Kurzem las ich ein Protokoll einer Aussprache, in dem mir eine bestimmte Wortkombination immer wieder auffiel: "KEIN PROBLEM!"

Auszug aus dem Protokoll:

Frau M. ist der Meinung, dass Herr S. nicht eigenmächtig handeln sollte, ohne Rücksprache mit anderen zu halten. Schließlich ist er neu im Unternehmen und sollte sich daher an die bestehenden Gegebenheiten anpassen. Herr S. antwortet daraufhin mit den Worten: "Kein Problem!"

Des Weiteren wurde selbst die geringe Kommunikation unterschiedlich interpretiert und führte zu einer gereizten Atmosphäre. Frau M. kritisiert Herrn S. für seine "arrogante" Art, insbesondere für die häufige Aussage: "Ich übernehme doch bald die Leitung der Abteilung." Daraufhin erwidert Herr S.: "Kein Problem!"

In diesem Zusammenhang spricht Frau M. auch Herrn S.'s Vorgehen an, bei Unklarheiten zuerst Personen außerhalb der

Abteilung (z.B. Herrn X, Geschäftsführung) zu kontaktieren. Daraufhin antwortet Herr S.: "Ja, ja!"

Wenn wir nun "JA, JA!" durch die entsprechenden Übersetzungen ersetzen, erhalten wir folgendes:

Auszug aus dem Protokoll (übersetzt):

Frau M. ist der Meinung, dass Herr S. nicht eigenmächtig handeln sollte, ohne Rücksprache mit anderen zu halten. Schließlich ist er neu im Unternehmen und sollte sich daher an die bestehenden Gegebenheiten anpassen. Herr S. antwortet daraufhin mit den Worten: "Ich sehe nicht ein, dass Ihr damit ein Problem hat und habe keinen Bock das mit euch noch auszudiskutieren"

Des Weiteren wurde selbst die geringe Kommunikation unterschiedlich interpretiert und führte zu einer gereizten Atmosphäre. Frau M. kritisiert Herrn S. für seine "arrogante" Art, insbesondere für die häufige Aussage: "Ich übernehme doch bald die Leitung der Abteilung." Daraufhin erwidert Herr S.: "Ihr seid das Problem und nicht ich, Ihr habt gerade nur Glück, dass ich so gut drauf bin, ansonsten würde ich euch jetzt einfach in der Luft zerreißen."

In diesem Zusammenhang spricht Frau M. auch Herrn S.'s Vorgehen an, bei Unklarheiten zuerst Personen außerhalb der Abteilung (z.B. Herrn X, Geschäftsführung) zu kontaktieren. Daraufhin antwortet Herr S.: "Kein Problem!"

Kein Problem haben wir, wenn Ihnen der Text nicht gefällt oder wenn Sie denken, dass Sie es besser können oder uns lieber mögen würden. Denn wir haben nur ein Problem ohne kein Problem, also fühlen wir uns mit Problem besonders gut und stark.

Kein Problem ist das Problem des Problems, von dem wir gar nicht wissen, dass es ein Problem sein könnte.

Aktuell gibt es ja keine Probleme, nur noch Herausforderungen, und anstelle von "kein Problem" kommt jetzt automatisch "ist nur eine Herausforderung". Dabei ändert sich jedoch nichts an der Ansicht...
In der neuen deutschen Sprache heißt es dann nur noch "it's a challenge"!

ICH KANN DAS SELBST MACHEN

Das Buch hat über 20 Jahre gedauert. Ich habe immer wieder daran geschrieben und auch gelöscht. Manchmal fand ich den Inhalt gut, manchmal war er zum Kotzen. Das Buch war dreimal so lang und teilweise sehr grenzwertig geschrieben. Seit ich in den 2000er Jahren angefangen habe, es zu schreiben, hat sich mein Leben oft verändert und alle Beispiele in dem Buch sind wirklich passiert. Einige musste ich sogar abschwächen, weil sie in der Realität noch extremer waren. Die Kapitel sind nicht in einer logischen Reihenfolge angeordnet, sondern wurden einfach anders aufgeschrieben als sie entstanden sind. Deshalb gibt es Dopplungen und Gegendarstellungen, die auf die Zeit und meine Faulheit zurückzuführen sind.

Ein besonders anschauliches Beispiel dafür, wie man Probleme behält und unzufrieden im Leben bleibt, ist folgendes:

"Ich kann DAS auch selbst machen."

Dabei lassen wir das "besser" nach dem "selbst" bewusst weg.

Wir fangen auch bei uns zuhause an und bei einigen alltäglichen Aufgaben. Jeder kann besser die Wäsche aufhängen als der andere Partner. Jede Familie hat ihre eigene Vorgehensweise und jeder entwickelt seine speziellen Techniken. Nur so wird die Wäsche knitterfrei und schneller trocken, und so weiter. Beim Geschirr einräumen muss man es auf eine bestimmte Art machen, damit alles sauber wird. Wenn man darauf besteht, seine Regeln einzuhalten, kann man genug Frust beim Partner aufbauen oder dafür sorgen, dass man alles alleine machen darf.

Wir gehen zur Arbeit. Wir sind überzeugt, dass wir Dinge besser machen können und geben Aufgaben nur ab, wenn sie schlecht erledigt werden können oder so einfach sind, dass jeder sie machen kann.

Egal, was uns jemand gibt, wir können es besser und würden es natürlich anders machen.

Einige Menschen haben so sehr das Gefühl, dass sie es selbst machen können, dass sie es nicht einmal bemerken.

Ich kann das im Garten machen, ich kann das Gemüse selbst pflanzen, Samen ziehen und viele Lebensmittelkomponenten selbst und sogar noch besser herstellen. Sicher kennen Sie auch solche Personen und sind es spätestens selbst nach dem Lesen dieses Buches. Ich kann die Soße im Restaurant selbst machen, ich könnte einen Urlaub viel besser selbst organisieren, ich könnte auf Fertigprodukte verzichten, ich könnte unabhängig und klimaneutral leben, ich kann.

Egal, was wir sehen, überlegen wir, wie wir es selbst besser machen könnten. Das hat zwei besondere Effekte: Erstens können wir das Produkt oder den Moment, den wir betrachten oder genießen möchten, NICHT genießen. Zweitens machen wir uns Stress, warum machen wir es nicht selbst? Wir setzen uns eine weitere unausführbare Aufgabe auf unsere To-Do-Liste, die ohnehin schon 96 Stunden am Tag lang ist.

Wenn wir zu vielen kleinen Aufgaben sagen: "Ich kann das machen", müssen wir bewusst die Zeit ignorieren. Ja, wir können viel tun, wenn wir uns die Zeit dafür nehmen wollen (können). Denn wir können nur das tun, wofür wir uns Zeit nehmen! Und leider hat jeder für das Wichtigste in seinem Leben immer Zeit! Und wir können unsere Zeit nur einmal ausgeben, wie unser Geld. Beim Geld können wir Schulden machen oder Geld sparen und später ausgeben, aber das funktioniert nicht mit unserer Zeit. Wir können uns jetzt keine Zeit sparen, um später mehr zu haben. Beim Geld: Wir wissen nicht, welche Aktie in Zukunft gut laufen wird. Wenn wir unser Geld zu weit streuen, werden wir nicht viel gewinnen und auch nicht viel verlieren. Oh, was wollte ich gerade noch schreiben? Kein Risiko keine Gewinnchancen. Sicher ist nur der Misserfolg, wenn wir nur auf schnelle Veränderungen hoffen und unserer Ungeduld Nahrung geben. Also weiter die Ungeduld füttern und über das jetzt motzen und wenn wir Probleme haben andere Verändern wollen. Dann bleiben die Probleme bei uns! Sehr clever!

Jetzt fällt es mir wieder ein: Wir können unsere Zukunft nur jetzt verändern. Deshalb sollten wir mit all unseren Zielen und Herausforderungen erst morgen beginnen.

Wir sollten uns so viele Aufgaben aufladen, dass wir keine Chance haben, sie an einem Tag erfolgreich zu erledigen. Dann müssen wir die Aufgaben vom Vortag natürlich noch auf den bereits überfüllten Tagesplan setzen, dann sind wir auf der sicheren Seite! Scheitern und ein Leben voller Probleme und Unzufriedenheit sind garantiert.

Um möglichst wenig Aufgaben selbst erledigen zu können, sollten wir uns überall einmischen und Angst haben, etwas zu verpassen. Unsere Ziele sollten uns ständig von unseren Aufgaben ablenken, zum Beispiel die Sauberkeit, bevor wir uns wohlfühlen können. Das hat den Vorteil, dass wir in einer sauberen Umgebung auch die kleinsten Unsauberkeiten erkennen können. Und wer kann sie am besten beseitigen? Natürlich ich, denn ich kann es besser als jeder andere. Sauberkeit ist ein interessantes psychologisches Problem, das nur ich selbst lösen kann und niemand anders. Wenn ich überzeugt bin, dass ich es am saubersten mache, kann es niemand richtig machen und irgendetwas wird immer in meinem Lebensraum nicht so sein, wie es in meinem Kopf ist.

Ich habe gerade ein Problem mit den Schreibkorrekturen. Sie schlagen Worte vor, die mehr Sinn ergeben. Mehr Sinn, um Probleme zu lösen. Unsere hart erarbeiteten Lebens- und Verhaltensmuster werden von allen Seiten sabotiert, um einfach das Jetzt zu genießen. Oh nein!

Kannst du in den nächsten 6 Monaten eine Sprache lernen? Wenn du nur diese Sprache lernen musst, ohne Arbeit, Freizeit, mit viel Geld und ohne Ablenkung? Kannst du in den nächsten 6 Monaten eine Sprache lernen, wenn dein Leben davon abhängt? Ohne Arbeit, Freizeit, mit Angst um dein Leben und ohne Ablenkung?

In einer Zeit, in der alles möglich erscheint, ist es die Zeit, die vieles kontrolliert. Wir können die Zeit nur einmal nutzen, wie ich bereits erwähnt habe.

Ich möchte den Weg nach rechts einschlagen, aber links soll es auch schön sein. Was soll ich tun? Ich möchte sicherstellen, dass ich links nichts verpasse. - Es könnten auch die kleinen Aufgaben sein, die ich -selber machen kann- erledigen muss. Also schaue ich sicherheitshalber nach links. Nach einer gewissen Zeit reicht mir, was ich links gesehen habe, und ich gehe dann nach rechts. Es dauert X Tage, bis ich merke, dass ich umkehren sollte, und dann noch einmal X Tage, bis ich an der Weggabelung ankomme. Insgesamt sind dann locker 2 mal X Tage vergangen und auch viel Energie, die ich nur für die Überprüfung verschwendet habe, um kein Risiko einzugehen. Diese Umwege können kurz sein und beinhalten mal hier und mal dort etwas zu tun. Wenn wir dann nach 2mal X plus Tagen wieder an der Ausgangssituation sind, sind die Voraussetzungen - um nach rechts zu gehen - anders als beim ersten Mal.

Aber das ist der richtige Ansatz, um Probleme zu behalten. Es ist so, als ob wir unser Verhalten erst ändern, wenn wir unseren Traumkörper, -partner oder -job haben. Keine Sorge, das ist so unwahrscheinlich wie viermal den Lottojackpot in seinem Leben zu knacken. Also fast ausgeschlossen. So wie man die vier Jackpots nicht annahmen muss, so kann man auch bei all den anderen Dingen einen Fehler finden, warum es gerade nicht passt. Oder wie man es selbst besser gemacht hätte.

Es ist problematisch für unsere Probleme, wenn wir uns ausschließlich auf unsere Hauptaufgaben konzentrieren und nur dann andere Aufgaben eingreifen, wenn sie unsere Hauptziele gefährden oder wenn wir alltägliche Aufgaben als Freizeitaktivitäten abtun. Das ist ein unkluger Ansatz, um Probleme zu bewältigen.

Hier noch eine problematische Idee, die ich jetzt loswerden muss.

Wenn ihr euch mit Mindset beschäftigt, erwartet eine sofortige und vollkommene Veränderung eures Lebens. Ihr macht nur dann alles richtig, wenn alles von heute auf morgen wie gewünscht ist.
Solltet ihr aber nur eure Einstellung zu den Problemen geändert haben und das Mindset euch neue und auch mal unbequeme Lösungswege aufzeigt und euch sogar die Kraft gibt, Strategien zu verbessern, bis sie greifen, dann machen ihr etwas grundlegend Falsches.

Ich habe Schwierigkeiten, meine Emotionen und Gedanken zurückzuhalten. Aber warum sollte ich mich ändern? Denn in dem ich mit meinen Problemen so bleibe wie ich bin, fühlen sich meine Probleme bei mir wohl und bleiben gerne bei mir.

WIE BLEIBE ICH IM BERUF STEHEN ...

Arbeit ist für mich nur Mittel zum Zweck, um Geld zum Leben zu haben. Ich arbeite, um zu leben, aber nicht umgekehrt. Was bringt mir die Arbeit, wenn der Chef sich einen schönen Urlaub gönnt und ich als kleiner Angestellter auch noch dafür bezahle? Das Leben schreibt die besten Geschichten, und diese handelt von einem Mitarbeiter eines angesehenen Dienstleistungsunternehmens.

Das Besondere an dieser Geschichte ist, dass der Mitarbeiter erfolgreich sein wollte, der Beste sein wollte. Doch in seinem Arbeitsbereich, dem Verkauf, war er mehr oder weniger eine absolute Niete. Ich habe mich oft gefragt, warum dieser Mitarbeiter so schlecht ist. Was hat ihn dazu gebracht, in seinem Job so zu versagen? Dieses Beispiel ist deshalb so interessant, weil er eigentlich keine Niete sein will, aber dennoch alles dafür getan hat, eine zu sein. Und das Lustige daran ist, dass seine Vorgesetzten, die sich selbst als Götter der Mitarbeitermotivation und -förderung bezeichnen, daran beteiligt sind.

Diese beiden Vorgesetzten möchte ich Ihnen nun vorstellen: Da haben wir Mr. Cool und Mr. Big, sowie den Mitarbeiter Mr. Up. Mr. Up fängt in einem Unternehmen an, in dem es darum geht, der Beste zu sein. Warum? Ganz einfach, um Geld zu verdienen. Obwohl, "Warum ist dieser Mitarbeiter so eine Niete? Wer oder was hat ihn dazu getrieben, eine Niete im Job zu sein?" würde ich in diesem Fall eher durch "bekommen" ersetzen. Die meisten verdienen nämlich viel weniger als Leute wie Mr. Cool. Es gibt nur ein Gesetz: Die Besten wollen nur in diesem Unternehmen arbeiten und die Besten bleiben auch dauerhaft dort. Und genau hier fängt unser Mr. Up an, der im Grunde seines Herzens eigentlich nur eine Niete sein will. Mr. Big ist der direkte Vorgesetzte von Mr. Up und er kann sehr überzeugend sein. Auch wenn er nur eine Motivationsstrategie hat, ist diese bei Menschen wie Mr. Up sehr erfolgreich. Mr. Up geht als Mr. Down zum ersten Gespräch mit Mr. Big und nach nicht einmal 30 Minuten wird aus Mr. Down Mr. Up, auf den die Welt wartet und für den das Geld auf der Straße liegt.

Eine einfache Rechnung besagt: Wenn man 100 Personen anspricht, kann man 25 von ihnen als Kunden gewinnen und dabei etwa 60.000 Euro verdienen. Mit diesen Kunden kann man dann weitere 250 gewinnen und 150.000 Euro verdienen. Dadurch erhält man insgesamt 625 neue Kunden und verdient 375.000 Euro. Das klingt verlockend, aber leider bin ich selbst nicht besonders erfolgreich und schreibe nur über erfolglose Menschen, die erfolglos bleiben wollen. Dieser Job ist zwar cool, aber auch eine große Herausforderung für erfolglose Menschen. Mr. Cool ist so cool, dass Geld für ihn keine Rolle mehr spielt.

Deshalb lässt er seine Mitarbeiter alles bezahlen. Nicht, dass er auf Geld angewiesen wäre, er möchte nur seine Mitarbeiter dazu motivieren, mehr Geld zu verdienen, denn er erhält eine Provision für jeden Euro, den seine Mitarbeiter verdienen. Mr. Cool verpasst jedoch nie eine Gelegenheit, seinen Mitarbeitern zu sagen, dass er auch ohne sie weitermachen könnte. Denn er braucht das Geld nicht, er möchte nur, dass die anderen genauso erfolgreich sind wie er selbst. Übrigens ist Mr. Cool von Natur aus ein erfolgreicher Mensch. Er hat sein ganzes Leben lang in dieser Firma hart gearbeitet und war immer der Beste. Das bestätigen auch einige seiner Bekannten hinter vorgehaltener Hand. Mr. Cool hat wirklich rund um die Uhr gearbeitet, selbst wenn er in der Kneipe Billard gespielt hat, hat er das nur gemacht, um Kontakte zu knüpfen. Kontakte sind im Job sehr wichtig und müssen gepflegt werden, denn jeder kann etwas Besonderes für den anderen finden. Einige sagen sogar, dass er Tage und Nächte in verschiedenen Kneipen beim Billardspielen verbracht hat, natürlich nur, um Kunden zu gewinnen. Genau wie Mr. Cool war er am Anfang seiner Karriere nie auf den Bestenlisten der Verkäufer zu finden. Wahrscheinlich war er einfach zu gut und wurde deshalb von der Liste gestrichen. Lasst uns auf Mr. Cool anstoßen! Mr. Big kann für erfolglose Menschen wirklich gefährlich werden, aber Mr. Up nimmt die Herausforderung an und ich kann schon verraten, dass er als Gewinner aus diesem Kampf hervorgehen wird. Mr. Up vereint zwei wichtige Eigenschaften in sich: Er kann fliegen, auch wenn er noch im Dreck sitzt, und er überschätzt sich selbst. Leider sieht er für den Job etwas zu jung und nicht seriös genug aus. Sein Bekanntenkreis besteht aus Schülern und Auszubildenden, also nicht gerade die richtige Zielgruppe für einen erfolgreichen Start in diesem Job.

Wie bereits erwähnt, gibt es in diesem Job eine Rangliste, auf der alle Verkäufer verzeichnet sind. Diese Liste wird mehrmals im Monat aktualisiert und am Ende des Monats wird der Beste gekürt. Dann geht es wieder von vorne los. Es gibt auch Jahresranglisten und Ranglisten für verschiedene Statusgrade der Mitarbeiter. Diese Statusgrade funktionieren ähnlich wie bei der Bundeswehr, nur dass derjenige mit dem höheren Grad keine Streifen oder Ornamente auf der Schulter trägt, sondern eine Eigentumswohnung besitzt oder einen Mittelklassewagen fährt. Mr. Cool ist immer darum bemüht, seine höhere Position gegenüber Mr. Big zu betonen. Man weiß schließlich, was man einander schuldig ist. Unser Mr. Up findet sich am Anfang der Liste, denn er hat schnell gelernt, die Liste von unten nach oben zu lesen. Deshalb drückt er oft sein Portemonnaie, sodass Mr. Big ihm schon zu Beginn finanziell unter die Arme greifen muss.

Mr. Big ist großzügig in diesem Bereich. Diese Tatsachen sollten uns zum Nachdenken bringen. Vielleicht ist dieser Job nicht der Richtige für uns. Aber Mr. Up denkt anders. Er weiß, dass er der Beste ist und er wird sich mit nichts anderem zufriedengeben. Das ist erstaunlich. Egal wie oft er die Rangliste von unten liest, er sagt immer: "Ich gehöre ganz nach oben!" Interessanterweise sagt er das jedes Mal mit einem strahlenden Blick. Beim ersten Mal dachte ich, er kann sich schon oben sehen und dass er es schaffen kann.

Aber irgendwann sollte man doch realisieren, wo man gerade ist, unabhängig davon, ob man die Situation gut oder schlecht findet und sich damit abfinden. Ich spreche nicht vom Akzeptieren, sondern nur vom Annehmen, um an dieser Lage arbeiten zu können. Aber das machen nur die erfolgreichen Menschen, von denen wir uns in diesem Kapitel und ganz besonders in diesem Buch distanzieren möchten. Erfolgreiche Menschen würden eine solche Situation in aller Ruhe analysieren und Konsequenzen ziehen. Aber gerade das Ignorieren der Realität ist eine sehr wichtige Eigenschaft, um eine Niete im Job zu bleiben.

Manchmal habe ich ihn mitten im Monat in den Top 5 von 80 gesehen, anstatt wie sonst in den letzten 5. Dabei zeigt er eine weitere erstaunliche Fähigkeit, die jede Job-Niete beherzigen sollte: Er ärgert sich über den Erfolg!

Das ist aber nur zweimal passiert, dass er so weit oben war. Ich muss ihn nie fragen, wie er es geschafft hat. Er sagt immer: "Oh, dass ist einerseits gut, aber immer noch viel zu schlecht. Was für eine Scheiße, diesen Monat läuft es absolut nicht gut, ich lasse immer noch sehr viele Chancen aus. Ich muss mehr, mehr und mehr machen. Ich kann mich nur ärgern! Ich finde es Scheiße, dass auch in diesem Monat so viel nicht funktionierte. Es kann nicht sein, dass es immer noch einige gibt, die besser sind als ich!"

In diesem Moment dachte ich: "Er hat recht!" Wenn er sich über seinen Teilerfolg freuen würde, könnte er erfolgreich im Job werden. Dann könnte ich Mr. Up nur als Antibeispiel für eine Berufsniete nehmen. Ja, er ist ein Profi in dem, was er macht. Aber als Profi werden im Allgemeinen Menschen bezeichnet, die mit dem, was sie machen, Geld verdienen. Er verdient zwar etwas Geld damit, aber viel zu wenig zum Leben. Er würde aber sicherlich viel Geld verdienen, wenn man für Nichterfolg oder für gutes Timing, sich zum falschen Zeitpunkt zu demotivieren, Geld bekommen könnte. Es ist der richtige Zeitpunkt, um sich zur ewigen Niete zu programmieren. Was können wir von Mr. Up lernen?

Wenn ich unten bin, glaube ich, oben zu sein! Wenn ich auf dem Weg nach oben bin und etwas Richtiges tue, um erfolgreich zu werden, bremse ich mich sofort mit Selbstvorwürfen.

Warum erst jetzt und warum nicht noch besser? Es gibt immer jemanden, der besser ist und es nicht verdient hat, während ich zu dumm bin, alles richtig zu machen. Sonst wäre ich schon längst oben und nicht erst jetzt, obwohl ich immer noch weit davon entfernt bin. Dann kommt unser Freund, Mr.

Big, und motiviert Mr. Up genau richtig, als er auf Platz 5 steht: "Jetzt aber mehr, das kann doch nicht alles sein, was du jetzt hier bringst, du sieht es doch, es kommt ins Laufen, gib jetzt richtig Gas." Damit stößt Mr. Big genau in dasselbe Horn wie Mr. Up. Beide sind mit der Leistung unzufrieden und er soll endlich etwas aus seinem Leben machen.

Eine absolut geniale Motivation, Mr. Big, so lässt du Mr. Up immer kurz über der Grasnarbe kriechen. Und wenn Mr. Up im nächsten Monat von seinem guten 5. Platz abgerutscht ist, sieht sich Mr. Big absolut bestätigt. Mr. Up hat im letzten Monat nicht alles gegeben. Am Ende eines Monats gibt es in diesem Verein ein Monatsabschlusstreffen, zu dem Mr. Cool einlädt. Diese Treffen dienen der Umsatzsteigerung und jedes Wort wird bewusst gewählt, um Erfolgstypen zu formen und aufzubauen. Und da Mr. Cool ein absolutes Kommunikationsgenie ist und eine Meister der Taktik besitzt, hat er die richtigen Worte für Mr. Up gewählt. "Also, in diesem Monat sind alle, die nicht in der Top 10 sind, ausgemachte Esel der Nation!" Und da haben wir Mr. Up, der sogar nur auf den 15. Platz gekommen ist. ";Also, wenn der schon 15ter werden kann, dann ward Ihr alle schlecht!. Übrigens, nichts für ungut, Mr. Up, irgendwann werden Sie sich auch mal verbessern und es unter die besten Zehn schaffen." Besser hätte ich das selbst nicht sagen können. So vernichtet man auch den letzten Funken, der sich noch irgendwo hätte entzünden können. Ein Dankeschön an Mr. Up, Mr. Big und den eigentlichen Star dieser Geschichte, Mr. Cool! Ja, Mr. Cool ist mein persönliches Vorbild des Feingefühls und der Kommunikation! Auch wenn ich mich bemüht habe, dieses Etwas zu verschleiern, ist es mir bestimmt nicht so gut gelungen wie Mr. Cool, Menschen zu motivieren und zu demotivieren. Wie erkennt man Mr. Cool?

Achten Sie einfach auf ein fahrendes Einfamilienhaus mit einem Mittelklasse-Wagen am Handgelenk.

Mein Leben ist hart und mein Chef achtet nicht genug auf mich.

Das denken viele von uns. Ich arbeite nur für meinen Chef und bekomme nur die schlechten Aufgaben. Ich spare seit Jahren für ein Auto, während mein Chef sich alle zwei Jahre ein neues Auto kauft. Das ist eine Einstellung, die im Job nicht gut ankommt.

Nehmen wir zum Beispiel Frau Petri. Sie arbeitet als Technische Zeichnerin in einem Automobilzuliefererbetrieb. Früher wurden die Zeichnungen noch auf Papier gemacht, aber jetzt benutzen wir 3D-CAD-Programme. Frau Petri muss jetzt auch CAD lernen. Sie ist schon lange erfolgreich allen Schulungen ihres Arbeitgebers ausgewichen. Aber jetzt gibt es keine Zeichnungen mehr, die per Hand gemacht werden. Die Kunden wollen alle Informationen per Datentransfer bekommen. Deshalb muss Frau Petri jetzt die Schulung machen.

Eigentlich weiß Frau Petri, dass sie zu alt ist, um noch etwas Neues zu lernen. Mit 35 Jahren kann man nicht mehr so schnell lernen. Außerdem haben selbst die Konstrukteure Probleme mit dem CAD-Programm, obwohl sie studiert haben. Und dann gibt es noch die Bemerkung von einem Techniker, dass alle Computer im Unternehmen überwacht werden können. Wir mussten sogar eine Ergänzung zum Arbeitsvertrag unterschreiben, in der wir zustimmen, dass unsere Rechner überwacht werden dürfen. Sie können alles sehen, was auf unserem Bildschirm passiert und welche Internetseiten wir besuchen. Das ist doch nicht fair! Paul wurde schon gekündigt, weil er während der Arbeitszeit privat im Internet gesurft hat. Und dann haben sie herausgefunden, dass er in der regulären

Arbeitszeit viel weniger geschafft hat als in den Überstunden. Sie behaupten, dass Paul keine Überstunden hätte machen müssen, wenn er in der regulären Arbeitszeit genauso schnell gearbeitet hätte wie in den Überstunden. Das ist doch Unsinn. Jeder weiß, dass man nicht 12 Stunden lang mit der gleichen Geschwindigkeit arbeiten kann. Außerdem brauchte Paul nach dem Mittagessen immer zwei Stunden, um wieder arbeiten zu können. Er hatte immer noch so großen Hunger, dass ihm die üblichen 10 Brötchen nicht gereicht haben.

Nächste Woche ist die CAD-Schulung. Einige Kollegen sind gestern von der Fortbildung zurückgekommen. Sie arbeiten schon seit mehr als 5 Jahren mit dem Programm und müssen trotzdem jedes Jahr zur Schulung. Ich war so froh, als ich endlich mit der Schule und der Ausbildung fertig war. An die Abschlussfeier kann ich mich noch gut erinnern. Und jetzt muss ich schon wieder zur Schule gehen.

Meine Kollegen sind klug und gut in ihrem Bereich. Sie haben studiert und nehmen sogar Urlaubstage, um sich weiterzubilden. Das würde ich auch gerne machen, aber ich brauche meinen Urlaub, um mich zu erholen. Außerdem warum sollte ich meine Freizeit opfern, um meinen Chef zu unterstützen? Selbst diese guten Mitarbeiter haben Probleme mit der Software und der modularen Zeichenweise. Das Programm soll die Arbeit vereinfachen, aber es erfordert viel Konzentration und Weitblick. Außerdem können mehrere Konstrukteure und Technische Zeichner gleichzeitig an einem Projekt arbeiten. Jeder bekommt ein Modul zum Zeichnen zugeteilt. "Toll, jetzt wird jeder von uns zum Fachidioten degradiert und wir können nicht mehr ein Projekt von A bis Z fertig stellen. Was für mich noch zum Nachteil werden könnte, ist die Tatsache, dass ich sehr ordentlich und präzise arbeite und dadurch auch etwas mehr Zeit für das Erstellen der Zeichnungen benötige. Da müssen die Linien sauber gezogen werden und Radien präzise gemessen werden. Ja all dies macht dann jetzt der Rechner und wie kann ich dann meine Präzision noch zum Vorteil nutzen, wenn jetzt auch die Schnellen mit dem Rechner präzise und sauber zeichnen können? Also, ich freue mich schon unwahrscheinlich auf diese Weiterbildung! Oder? Vielleicht gibt es doch noch eine Möglichkeit, diesen Kurs ausfallen zu lassen? Wenn ich richtig verstanden habe, ist das der letzte Kurs, den wir noch vom Softwarelieferanten gefördert bekommen und alle Kurse ab dem nächsten Jahr sind dann doppelt so teuer für die Firma. Aus diesem Grund peitscht der Chef jetzt alle durch die Kurse, weil es ab nächsten Jahr dann viel zu teuer wird. Oh, ich verspüre gerade so ein komisches Gefühl, ich glaube mir wird schlecht! Gleich Morgen früh geh ich zum Arzt!" Alles, was im Unternehmen passiert, wird als Unterdrückung und Einschränkung empfunden. Es ist produktiv, sich nach den guten alten Zeiten zu sehnen und im Unternehmen rückwärts zu gehen.

KRITIK IST IMMER ABWERTEND

In der modernen Kommunikation wird Kritik oft als Feedback bezeichnet. Ich interpretiere dies als einen Tritt in den Hintern. Oder etwa nicht? "Feed" bedeutet doch fast "Fuß" und "Back" ist der Hintern, also der Arsch. Und dann soll dieses Feedback (Hinterntritt) positiv sein? Nein, das kann nicht sein! Jedes Feedback ist doch negativ, da es Kritik an dem beinhaltet, was ich gerade getan habe oder tun werde.

Da gibt es zum Beispiel diese äußerst positiven Manager, die uns ermutigen, unseren Kollegen Feedback zu geben. Aber wenn ich einmal Feedback gebe, bekomme ich sofort Ärger. Kein Wunder, dass man dann keine Lust mehr auf so etwas hat. Letzte Woche habe ich beobachtet, wie einer dieser Manager, die sich wie Halbgötter im Anzug aufführen, ähnlich wie die Ärzte, nur ohne medizinische Verantwortung, durch unsere Halle spazierte und einen Besen sah, der den Durchgang blockierte. Was hat der Manager getan? Er hat den Besen weggenommen! Typisch. Wenn er auch nur ein bisschen Zeit hier in der Halle verbracht hätte, würde er vielleicht verstehen, dass wir den Besen nicht aus Spaß so platziert haben, sondern weil jemand aufgrund eines fast unsichtbaren Öls, das aus einer Maschine austrat, gestürzt ist. Einer unserer Mechaniker hat gesagt, dass wir die Maschine weiterlaufen lassen sollten und er sich sofort um das Problem kümmern wird.

Als der Manager den Besen beiseite nahm, kam ich gerade auf ihn zu und gab ihm sofort ein Feedback: "Ich habe das Gefühl, dass du blind bist und überhaupt keine Ahnung hast, was der Besen zu bedeuten hat, vielleicht solltest du ab und an mal deinen Arsch aus deinem Sessel bewegen und etwas Zeit hier unten verbringen, um unsere Arbeitsweisen kennenzulernen." Bevor ich erzähle, welchen Ärger mir diese Aussage eingebracht hat, möchte ich betonen, dass mein Feedback perfekt war. In einem meiner Trainings habe ich genau aufgepasst und gelernt, was ein Feedback ist: Man sollte zuerst von sich selbst sprechen, was ich mit "Ich habe das Gefühl..." getan habe. Also habe ich die erste Regel befolgt, von meiner eigenen Position aus zu sprechen. Dann sollte man über seine Gefühle sprechen, was ich auch getan habe. Okay, ich habe nicht genau beschrieben, welches Gefühl ich hatte. Sollte ich sagen: "Ich fühle mich verarscht?" Aus diesem Grund habe ich bewusst zuerst darüber gesprochen: Wovon habe ich gesprochen?

Als erfahrener Redakteur mit 30 Jahren Berufserfahrung ist es mein Ziel, den folgenden Artikel in einen neuen Text umzuschreiben, der kurze, klare Sätze verwendet und frei von überflüssigen Füllwörtern und Bürokratensprache ist. Dabei werde ich auch darauf achten, unnötigen Fachjargon zu vermeiden und stattdessen klare und verständliche Formulierungen zu wählen. Zudem werde ich starke Verben verwenden und aktive Sätze anstelle von Passivkonstruktionen nutzen. Wichtig ist, dass der Text für den Leser zugänglich und verständlich ist, während die Botschaft direkt und klar vermittelt wird. Gleichzeitig möchte ich den Text interessant und unterhaltsam gestalten, ohne dabei wichtige Informationen zu verlieren.

Hier der umgeschriebene Text:

"Ich habe das Gefühl, Sie sind blind!" Mit dieser Aussage möchte ich betonen, dass ich genau das gesehen habe, was ich beschreibe. Außerdem möchte ich meine Beobachtung erklären. Er hat es getan, weil er keine Ahnung hat, was der Besen bedeutet. Mein Verbesserungsvorschlag lautet:

"…vielleicht solltest du ab und an mal deinen Arsch aus deinem Sessel bewegen und etwas Zeit hier unten verbringen, um unsere Arbeitsweisen kennen zu lernen…" Zusammengefasst: Ich gehe von mir aus, spreche über meine Gefühle, beschreibe meine Beobachtung, erkläre diese und gebe einen Verbesserungsvorschlag. Hier ist der Text zum Nachlesen: "… keine Ahnung hast, was der Besen zu bedeuten hat…" Ist das nicht ein perfektes Feedback? Trotzdem habe ich eine Abmahnung erhalten und befürchte, meinen Job zu verlieren.

Als ich versuchte, meinen Standpunkt gegenüber meinem Chef zu verteidigen, wurde er wütend und sagte mir, dass ich keine Weiterbildungen mehr besuchen müsse. Daraufhin bedankte ich mich bei ihm mit den Worten: "Vielen Dank für Ihr Vertrauen, Herr Kurz!" Herr Kurz wurde fast hysterisch und begann zu schreien. Er nannte mich einen Trottel! Das konnte ich nicht einfach so stehen lassen und unterbrach ihn: "So funktioniert aber Feedback nicht, Herr Kurz, Sie müssen mit sich und Ihren Gefühlen beginnen." Ich erinnere mich nur noch daran, dass ich schnell den Raum verlassen musste. Das ist der Dank, wenn man das Gelernte im Alltag anwendet. Nur Ärger und die Aussicht auf Gehaltskürzungen. Toll, das habe ich nun davon. Und dann behauptet noch jemand, Feedback sei positiv! Kritik kann nur negativ sein. Seitdem sage ich nur noch etwas, wenn ich jemanden bei einem Fehler erwische. ICH, Schlecht, Nichts Sehen, Sieh selbst, Du Weißt es schon.

Meine Chancen auf einen Aufstieg in der Firma kann ich jetzt vergessen. Dabei habe ich doch alles richtig gemacht. Alle Schritte zu 100 Prozent beachtet und dann dieses Feedback vom Chef. Bei der Schulung wurde am Ende noch betont, wie wichtig die Wortwahl ist, aber da hatte ich schon abgeschaltet.

Außerdem war es schon nach 17:00 Uhr, und die Schulung sollte auch nur bis 17:00 Uhr dauern und keinen Moment länger. Ich halte mich genau an meine Arbeitsplatzbeschreibung und die damit verbundenen Aufgaben. Meine genaue Arbeitszeit steht dort und nichts von Überstunden. Während einer Schulung werde ich sicherlich nicht damit anfangen. Ich sehe auch nicht ein, die Arbeit meiner Kollegen zu übernehmen, schließlich übernehmen sie auch nicht meine Arbeit. Glücklicherweise bin ich schon seit einigen Jahren in dieser Firma und habe eine große Familie, daher wurde ich bisher nicht entlassen, zumindest laut dem Betriebsratsvorsitzenden. Außerdem habe ich erfolgreich abgelehnt, eine Ergänzung zum Arbeitsvertrag zu unterschreiben. Mit dieser Ergänzung hätte ich bis zu 3 Überstunden pro Woche ohne Ausgleich arbeiten müssen. Die neuen Mitarbeiter bekommen solche Verträge, aber nicht ich. Ich verstehe das einfach nicht. Ich erledige meine Aufgaben gewissenhaft und konzentriere mich nur auf meine Arbeit.

Zurück zur Kritik! Feedback ist für mich einfach nur Kritik. Früher haben sich Männer geprügelt, heute boxen sie. Sogar im Fernsehen gibt es Berichte darüber und es gibt Weltmeister. Boxen nennt man das jetzt, nicht mehr prügeln. Nach einem Kampf sieht man manchmal die ein oder andere verletzte Gesichtshälfte, obwohl der Handschuh die Faust abpolstert. So ist es auch mit Feedback. Anstatt direkt zur Sache zu kommen, umschreiben wir es und geben es dann in einer schonenden Art und Weise weiter. Das wird als taktvoll und rücksichtsvoll bezeichnet. Früher kam man mit hochgekrempelten Ärmeln und hat alles offen ausgetragen. Wenn ich jemandem sage, dass er etwas falsch gemacht hat, dann möchte ich das auch klar ansprechen und nicht mit gut gemeinten Ratschlägen um den heißen Brei herumreden. Jeder sollte selbst darüber nachdenken, wie er sich verbessern kann. Ich bin kein Samariter, der für andere mitdenkt!

Wenn wir nichts aus uns machen wollen, sollten wir uns in bestimmten Punkten genau verhalten und dabei die Kleinigkeiten, die entscheidend sind, ignorieren. Feedback basiert auf der Annahme, dass es nur dann gegeben werden sollte, wenn eine positive Absicht dahintersteckt. Die Theorie besagt auch, dass jeder Handlung eine positive Absicht zugrunde liegt. Feedback ist nur dann sinnvoll, wenn man davon ausgehen kann, dass die Person nicht absichtlich etwas zerstört oder falsch macht. Jeder! Auch wenn die positive Absicht manchmal subjektiv und seltsam erscheint. Wenn man immer die positive Absicht hinter einer negativen Handlung erkennt, kann man immer Feedback geben. Warum ist kein Feedback möglich, wenn es um negatives Verhalten geht?

In einem Unternehmen sollte jede Handlung auf einer positiven Absicht beruhen oder zumindest in der Meinung einer positiven Absicht erfolgen. Nehmen wir zum Beispiel die Altenpflege. Herr Müller wischt immer etwas ungenau, weil er festgestellt hat, dass Frau Schmidt, die nach ihm Dienst hat, sehr gründlich ist. Er spart sich also Zeit und denkt, dass Frau Schmidt die zusätzliche Arbeit erledigen wird. Herr Müller hat also positive Absichten, wie Zeit sparen und sich nicht unnötig belasten.

Es gibt viele Gründe, warum Herr Müller seine Aufgabe nicht so gut erledigt, wie er könnte. Ein Grund könnte sein, dass er seine Arbeitsweise bereits als gründlich erachtet und nicht so penibel wie Frau Schmidt erscheinen möchte. Es gibt Menschen, die keine Verantwortung übernehmen wollen. Wenn man nie eine Chance im Job haben möchte, sollte man

Verantwortung meiden. Ich habe nach Beispielen gesucht, in denen Menschen keine Verantwortung übernehmen, und bin auf Politiker gestoßen. Aber es gibt auch Politiker, die Verantwortung übernehmen und etwas verändern wollen. Viele Politiker bekommen jedoch keine Chance, Verantwortung zu übernehmen. Manager verdienen viel Geld, übernehmen aber keine Verantwortung. Sie kümmern sich nur um ihre eigene Geldbörse. Es gibt einen Bereich, in den fast alle Manager eintreten, aber keine Verantwortung dafür übernehmen, dass das Unternehmen erfolgreich ist. Viele Manager sehen den Erfolg eines Unternehmens nur darin, ihre eigene Geldbörse zu füllen und dann die Firma zu verlassen. Kontinuität und Loyalität sind in diesem Bereich Fremdwörter. Es gibt jedoch auch Manager, die Verantwortung übernehmen und sich engagieren. Wenn man keine Verantwortung übernehmen möchte, sollte man sich nach unten orientieren und keine Verantwortung übernehmen.

Selbst bei kleinen Aufgaben wie das Verwalten der Kaffeekasse oder das rechtzeitige Erledigen eines Auftrags sollte man sich nicht freiwillig melden und Ausreden finden, um es zu vermeiden. Man sollte sofort betonen, dass man keine Erfahrung hat und deshalb keine Garantie für einen erfolgreichen Abschluss geben kann. Es ist wichtig, das Wort " Eigentlich möchte ich dich nur streicheln, da ich aber mit der Watte nicht spüre, wann ich dich berühre, muss ich dich etwas fester berühren. Und genauso wirkt auch ein Feedback. Erst einmal um den heißen Brei herumreden und dann, wenn der andere seinen Mund im Glauben, sicher zu sein, weit genug geöffnet hat, dann kommen wir und gießen ihm den heißen Brei in den Mund hinein. Dabei wird diese Vorgehensweise als taktvoll und rücksichtsvoll bezeichnet. Da lobe ich mir die gute alte Zeit, in der man noch zu einem mit hoch gekrempelten Ärmeln gekommen ist und alles offen und sofort ausgetragen hat. Wenn ich jemanden darauf aufmerksam mache, dass er oder sie etwas falsch gemacht hat, dann möchte ich doch diese Tatsache anprangern und was soll das dann mit den gut gemeinten Ratschlägen?

Jeder soll sich doch selbst Gedanken machen, wie er etwas besser machen kann. Ich bin doch kein Samariter der für andere mitdenkt! Genauso sollten wir uns verhalten, wenn wir nie etwas aus uns in der Firma machen wollen. In bestimmten Punkten sehr genau sein und dabei Kleinigkeiten, die entscheidend sind, wie zum Beispiel die positive Absicht einfach ignorieren. Ein Feedback beruht auf der Ansicht, dass nur dann ein Feedback gegeben werden soll, wenn eine positive Absicht mit im Spiel ist. Desweiteren sagt auch die Theorie vom Feedback, dass jeder Handlung im Grunde eine positive Absicht zugrunde liegt. Noch weiter zurück gegangen, erscheint ein Feedback nur dann als sinnvoll, wenn man davon ausgehen kann, dass die Person nicht mutwillig etwas zerstört bzw. falsch macht oder einen was auch immer. Wie? Ja, jede! Auch wenn die positive Absicht ab und an subjektiv und absolut bescheuert zu sein scheint.

Geht man nach Freud und anderen Psychologen, dann gründet jede unserer Handlungsweise in nur zwei Motivationen, die eine ist Anerkennung und die andere Sexualität. Und beide Motivationen sind erst einmal im Grunde positiv. Würde man immer die positive Handlungsweise erkennen, ich meine die positive Absicht hinter einer negativen Handlungsweise, dann könnte man stets ein Feedback anbringen. Wieso ist zu negativen Verhaltensweisen kein Feedback möglich? In einem

Unternehmen sollte jeder Handlungsweise eine positive Absicht zugrunde liegen oder in der Meinung einer positiven Absicht erfolgen. Nehmen wir einmal ein Beispiel aus der Altenpflege, nehmen wir einmal Herrn Müller (um ein Klischee zu bedienen), der beim Wischen stets etwas ungenau ist. Herr Müller hat festgestellt, dass Frau Schmidt, die immer nach ihm Dienst hat, alles sehr gründlich sauber macht und dadurch muss er nicht so pingelig sein. Herr Müller wischt nun stets etwas ungenau, um für sich Zeit zu sparen und mit dem festen Glauben, dass Frau Schmidt durch seine Vorgehensweise keine zusätzliche Arbeit hat, denn es ist ihr Job, alles bis in die Ecken sauber zu machen und dann soll sie sich doch nicht so anstellen, wenn sie es tun muss. Suchen wir nun einmal die positive Absicht in der Handlungsweise von Herr Müller, erstens er spart Zeit, Zweitens Frauen sind sowieso gründlicher als Männer und dafür trägt er auch mal öfters eine Oma als seine Kolleginnen.

Wir sollten öfters "kann" verwenden und "möchte" vermeiden. „"Möchte" deutet auf mangelnde Fähigkeiten hin. "Kann" zeigt, dass wir es können, und weit auf eine Möglichkeit hin, ohne eine direkte Absichtserklärung zu sein.

Zusammenfassend: Keine Verantwortung übernehmen, Feedback immer als Kritik annehmen und auch so geben, Aus- und Weiterbildungen verweigern und sich gegen Aufgaben wehren. Vorwürfe und permanentes Genörgel sind ebenfalls erfolgreich, wenn man an seinem aktuellen Standpunkt bleiben oder sogar rückwärtsgehen möchte.

Menschen die mich immer bestärken, meinen es als einzige gut mit mir!

ICH HABE DA NOCH ETWAS

Wer seine Nerven sparen möchte, sollte dieses Kapitel überspringen. Dieses Problem mit dem Kapitel nimmst du doch gerne auf dich, oder?

Statistisch gesehen sind Ausnahmen erwünscht und erlaubt. Man braucht sich also vor Ausnahmen oder Gegenbeispielen nicht zu fürchten. Kürzlich saß ich in der Sauna und las in einem sehr populären deutschen Magazin. Dort fand ich sofort eine Statistik, die besagte, dass seit der Einführung des Euro die Preise in Massage- und Saunabetrieben im Durchschnitt um 76 Prozent gestiegen sind. Ich drehte mich um und betrachtete die ausgehängten Preise. Was kostet ein Saunagang hier? Da steht es: 7,70 Euro. Vielleicht finde ich noch etwas, das auf den alten DM-Preis schließen lässt? Tatsächlich, auf einem alten Blatt lese ich den alten Preis: 15 DM. Da ich immer noch alles in DM umrechne, habe ich den Umrechnungskurs fest im Kopf: 1 Euro entspricht genau 1,95583 DM. Wer hat sich diese unpraktische Zahl ausgedacht? Das kann sich doch kein normaler Mensch merken.

Nur Bekloppte können sich solche bescheuerten Zahlen merken. Um es mir leichter zu machen, rechne ich den alten DM-Preis wie folgt um: Nehmen wir die 15 DM, teilen sie durch 2, das macht 7,50 Euro. Also müsste die Sauna beim korrekten Umrechnen von DM in Euro jetzt 7,50 Euro kosten und nicht 7,70 Euro. Der Sauna-Besitzer hat also über Nacht eine Preiserhöhung von 20 Cent oder mindestens 40 Pfennig durchgedrückt. Da mir das Multiplizieren leichter fällt, rechne ich jetzt genauer mit dem Faktor 1,9. Damals bei der

Umstellung habe ich etwas über 10 Euro Bruttostundenlohn bekommen, das sind doch 19 DM.

Und was sehe ich? Ich hatte doch damals schon 20 Mark gehabt. Also hat der Arbeitgeber meinen Stundenlohn auch noch nebenbei gekürzt. Plötzlich hatte ich also 5 Prozent weniger Lohn und die Sauna ist um 40 Pfennig erhöht worden. Ausgehend von 7,50 Euro sind 40 Pfennig etwa 6 Prozent. Der Sauna-Besitzer hat also seine Preise bei der Währungsumstellung um über 10 Prozent erhöht. Als der Saunabesitzer vorbeikommt, rechne ich ihm das alles schnell vor. Er wollte etwas erwidern, aber ich zeigte ihm sofort meine exakte Rechnung und den Bericht im Magazin. Doch dann kam er mit der Aussage: "Also Sie haben es doch selbst gesagt, über 10 Prozent und nicht über 75 Prozent.

Damit ließ ich ihn nicht davonkommen: "Ja, das hätten Sie aber bestimmt gemacht, wenn nicht so gute Kunden wie ich auf die Preise aufgepasst hätten." Alle in der Sauna hörten zu und verstanden langsam den unerhörten Wucherpreis, den sie gezahlt hatten. Die Statistik lügt nie und sie sagt doch, dass alle im Durchschnitt ihre Preise um 76 Prozent erhöht haben. Also auch der Sauna-Besitzer hier.

Die Bildungsstatistik in Deutschland zeigt, dass die Hälfte der Schüler unter dem Durchschnitt liegt. Dieses Ergebnis bestätigt meine langjährige Vermutung, dass die heutige Jugend nicht viel weiß. Kürzlich habe ich ein Gespräch zwischen einem Bauern und einem Gymnasiasten belauscht, bei dem sich erneut die Statistik bestätigte. Leider habe ich den Anfang des Gesprächs verpasst, aber als ich ihre Stimmen hörte, fragte der Bauer den Gymnasiasten nach Bauernregeln, Flüssen und Städten in unserer Umgebung.

Der Gymnasiast, der bereits zwölf Jahre zur Schule geht, wusste jedoch nichts über seine Heimat. Sein Gesichtsausdruck war kaum zu beschreiben, als ob der Bauer Chinesisch gesprochen hätte. Wahrscheinlich hätte der Gymnasiast Chinesisch besser verstanden als die Bauernregeln. Der Gymnasiast erzählte dem Bauern im Gegenzug etwas über globale Erwärmung, Stadtbau in Lateinamerika und etwas über Mathematik. Aber er konnte die Aufgabe des Bauern nicht lösen: "Wie teilt man 39 Kühe unter 4 Geschwistern auf, wenn A die Hälfte, B einviertel, C einachtel und D einzehntel bekommen soll, ohne das man eine Kuh schlachten muss und jeder genau seinen Anteil bekommt und keine Kühe übrig bleibt. Diese Aufgabe ist doch total einfach, oder…?

Es gibt auch eine Statistik, die besagt, dass sich die Hälfte aller Menschen immer in der falschen Schlange an der Supermarktkasse anstellt. Das passt zu meiner Erfahrung, denn wenn ich einkaufen gehe, dauert es eine halbe Stunde, bis ich fertig bin. Wenn meine Partnerin einkaufen geht, dauert es mindestens zwei Stunden. Wenn ich sie frage, warum es so lange gedauert hat, antwortet sie immer: "Ich habe mich wieder in der falschen Schlange angestellt."

Ich gehe lieber einkaufen, wenn es Mengenrabatt ab 20 kg Reis gibt, dann kaufe ich gleich 60 kg, um Geld zu sparen. Meine Frau akzeptiert jedoch nicht, dass ich besser einkaufe als sie. Zur Strafe kocht sie dann die ganze Woche über Reis, obwohl ich Reis überhaupt nicht mag. Deshalb gehe ich jetzt nicht mehr einkaufen, weil sie mir sonst immer dasselbe zum Essen serviert.

Das zeigt, wie düster und pessimistisch unsere Zukunft ist. Es gibt auch eine Statistik, die besagt, dass immer mehr

Menschen in Deutschland pessimistisch sind. Sind wir also auf dem besten Weg? Es gibt auch eine Statistik, von der ich gehört habe, dass 50 % der Menschen häufig zu früh und die andere Hälfte zu spät kommen. Ich gehöre mal wieder zur größeren Hälfte, die zu spät kommt. Besser spät als nie, also los!

Pessimismus bedeutet, alles persönlich zu nehmen. Wenn uns jemand "Nein" sagt, interpretieren wir das als persönlichen Angriff. Denn wenn uns die Person mögen würde, würde sie doch "Ja" sagen. Schauen wir uns unseren Alltag an: Jemand nimmt uns auf dem Weg zur Arbeit, beim Einkaufen oder einfach unterwegs die Vorfahrt. Warum tut er das? Er tut es absichtlich, nur um uns zu ärgern. Warum nimmt er nicht dem Auto vor oder hinter uns die Vorfahrt? Er tut das alles nur, um uns zu schaden.

Wenn wir im Supermarkt einen Artikel auf dem Grabbeltisch sehen, den wir gerne hätten, ist es garantiert das letzte Exemplar. Plötzlich wollen alle anderen auch diesen Artikel haben. Alle sind gegen uns und wollen uns die Beute wegnehmen. Selbst die Oma in der hintersten Ecke des Marktes eilt zum Grabbeltisch, nur weil wir den Artikel haben möchten. Wie kann das sein? Sobald wir den Artikel sehen, sehen ihn plötzlich auch alle anderen und wollen ihn haben. Es ist, als könnten alle in diesem Markt unsere Gedanken lesen. "Hilfe, was soll ich jetzt nur denken? Ich darf gar nichts denken, denn alle können meine Gedanken lesen. Also was nun machen?"

Um sicherzugehen, schaue ich jemandem tief in die Augen, wie eine hypnotisierende Katze oder ein Hypnotiseur mit seinen kreisenden Schwarzweißscheiben. Und wenn die Person wegschaut oder sich ertappt fühlt, weiß ich, dass sie meine Gedanken lesen kann. Erwischt! Ich schaue die erste Person an und was macht sie? Zuerst ist sie unsicher, wie sie reagieren soll, und dann schaut sie weg, als hätte ich sie bei etwas erwischt! JA!!! Ich wusste es! Du bist ertappt! Du brauchst dich nicht zu verstellen, ich weiß, dass du meine Gedanken lesen kannst. Mach dir keine Hoffnungen, ich werde jetzt nicht an meine Geheimzahl oder meinen Sparstrumpf denken!

Da jetzt jeder weiß, dass ich diesen Artikel haben möchte, überlasse ich euch die Beute. Ihr könnt alles haben. Dieses wunderbare Werkzeug, das alle Arbeiten im Haushalt wie von selbst erledigen würde. Dieses Gerät, das so herrlich ist und dazu noch so günstig, nur 9,97 Euro! Diese Einfachheit, diese Eleganz und diese passende Farbe. Einfach wunderbar. Ich habe so etwas letzte Woche schon gesehen, wo war das nur? Egal, aber da hat es unverschämte 5 Cent mehr gekostet. Stellen Sie sich vor, es war genau dieses Gerät, nur in Gelb, und hier gibt es dasselbe Teil in Rot oder Grün. Da bin ich mir jetzt nicht ganz sicher, beide Farben sind so wunderschön. Ich habe nur leichte Probleme, sie zu unterscheiden. Der blöde Arzt damals wollte mir deswegen schon den Führerschein verweigern. Mein Kumpel musste für mich diesen Augentest machen... immer Probleme mit den Ärzten! Ich weiß doch, Rot ist unten bei den Ampeln und Grün ist oben... Nein, Scherz beiseite, natürlich weiß ich, dass wenn es unten heller ist, darf ich fahren und wenn oben heller ist, muss ich halten, aber... Dieses wunderbare Gerät ist so preiswert und hat so eine schöne Farbe und ist glatte 5 Cent billiger als letzte Woche. Zum Glück bin ich letzte Woche zweimal mit dem Auto zu diesem Markt gefahren und habe hin und her überlegt, ob ich es kaufen soll oder nicht. Jetzt kann ich ganze 5 Cent sparen und mir die rote oder grüne Kaffeemaschine kaufen, die ganz bestimmt in unsere grüne oder doch rote Küche, egal, auf jeden Fall toll passt. Also nähere ich mich der Kaffeemaschine so, als ob ich sie gar nicht haben möchte und mich schon gar nicht auf meinen Morgenkaffee freue. Dieser Kaffee, auf den ich nun seit fast 3 Wochen verzichten muss, dieser Duft, der den Tag schön beginnen lässt und dieses Aroma, das sich auf dem Gaumen ausbreitet und... einfach nur genießen lässt. Aber man kauft nicht einfach so eine neue Kaffeemaschine, sie muss zur Küche passen und auch preislich akzeptabel sein, auch wenn ich dafür einige Märkte abklappern muss. Und wenn ich darüber nachdenke, wie viel Geld ich am Kaffee gespart habe, bin ich wirklich stolz auf mich. Ich bin fast bei der Kaffeemaschine angekommen, ja, ich werde das gute Stück gleich in der Hand halten. Da kommt mir der Opa in die Quere. Was soll ich tun? Den Opa ablenken oder ihm den Stock klauen? Lieber Gott, ich brauche jetzt eine gute Idee! Da habe ich es: "Hallo, mein Herr, Ihre Frau ruft dort hinten nach Ihnen." Während sich der Opa umdreht, trete ich geschickt an ihm vorbei und bekomme die Kaffeemaschine. Ja! Ich könnte vor Freude tanzen, aber warum haben die anderen nicht um die Kaffeemaschine gekämpft? Vielleicht wissen sie etwas, das ich nicht weiß, leider kann ich ihre Gedanken nicht lesen. Alle anderen wollten doch auch gerade diese Kaffeemaschine, obwohl ich sie natürlich am dringendsten brauche. Warum haben sie es mir so schwer gemacht, diese Kaffeemaschine zu kaufen? Festzuhalten bleibt, dass alles, was um uns herum passiert, immer gegen uns persönlich gerichtet ist und nur deshalb geschieht. Aus diesem Grund ist es richtig, alles persönlich zu nehmen. Der Staat erhöht die Steuern, damit ich mir meinen Urlaub nicht mehr leisten kann. Auch werden die Abwassergebühren nur erhöht, weil ich im letzten Sommer einmal 20 Minuten ohne Beaufsichtigung meinen Rasensprenger laufen ließ. Es gibt Sprüche, die den Pessimismus systematisch unterwandern wollen, dagegen muss man sich wehren. Da wird ein Vogel badend von einer Katze gefangen. In diesem Moment denkt der Vogel: "Wäre ich doch auf dem Baum geblieben. Jetzt wird bei mir alles bergab gehen." Die Katze springt mit dem Spatz im Maul auf einen Baumstamm und klettert den Baum hoch. Darauf denkt der Vogel: "Glück gehabt, es geht doch wieder bergauf für mich." Richtig, auch wenn wir glauben, es geht bergauf für uns, sind wir bereits in einer tödlichen Falle gefangen. Liebe Leser, in diesem Buch haben Sie nun gesehen und erlebt, wie schlecht die Welt ist und warum wir nur pessimistisch (also realistisch) in die Zukunft sehen sollten.

Und bereust du es, dieses Kapitel gelesen zu haben?
Nein -> Respekt
Ja-> Ignorieren, schimpfen und noch mal lesen.

WIE KANN ICH DAS PECH ANZIEHEN

Selbst erfüllende Prophezeiungen sind ein bekanntes Phänomen. Doch wie zieht man wirklich Pech an? Es gibt zwei Möglichkeiten: Man kann sich anschauen, was die vermeintlich Glücklichen tun, oder man geht konsequent den anderen Weg und sucht nach Beispielen, wie man Pech anziehen kann. Oft wissen wir jedoch nicht genau, warum wir in manchen Bereichen Pech haben und in anderen Glück. Es gibt auch Menschen, die immer wieder einen großartigen Partner haben, ohne es zu schätzen. Warum klappt es also oft bei der Partnerwahl nicht so, wie wir es eigentlich möchten? Der Schlüssel liegt in dem Wort "eigentlich", das so viel bedeutet wie "Ja, aber nur in der schlechten Art und Weise".

Stellen wir uns vor, wir möchten etwas zu trinken bestellen. Wenn uns jemand fragt, was wir möchten, antworten viele von uns oft mit "egal". Doch was bekommen wir in einem Wein-Restaurant serviert, wenn wir "egal" sagen? Einen Wein natürlich. In einer urdeutschen Kneipe bekommen wir ein Bier, in Berlin wahrscheinlich ein Berliner Kindl. In Bayern gibt es kein Pils, sondern ein Weißbier. In Köln trinkt man Kölsch und in Düsseldorf Alt. In Russland bekommen wir auf die Frage nach einem Getränk "egal" ein Glas Wasser. Und während wir uns langsam anfangen, Russisch zu verstehen, wundern wir uns, dass das Baby am Nebentisch auch Wasser bekommt und sagt: "Mama, die Milch ist heute so schwach!"

In Australien bekommen wir ein Buschmesser und eine stachelige Frucht gezeigt. Bei den Indianern heißt es Feuerwasser. In Amerika bekommen wir ein braunes, koffeinhaltiges Getränk und drei Burger. In Brasilien gibt es Zuckerwasser und beim Frauengesundheitsweltkongress Algensuppe mit Orangensaft.

Was ich damit zeigen möchte, ist, dass "egal" immer anders aufgefasst wird. In verschiedenen Regionen oder Kulturen bedeutet es etwas anderes, aber innerhalb einer Region oder Kultur bleibt es gleich. Keiner in Düsseldorf wird Ihnen ein Pils in einer echten Düsseldorfer Kneipe anbieten. Da gehört das Alt hin. Unser Gehirn funktioniert ähnlich. Es möchte wissen, was wir wollen, sonst bekommen wir fast das Gleiche wie zuvor. Wenn wir in Düsseldorf in eine Kneipe gehen, erwarten wir Altbier, unabhängig davon, ob wir es mögen oder nicht. Der Kellner weiß das und bringt uns sofort ein Alt.

Was hat das mit der Partnersuche zu tun? Unser Gehirn ist ein Vergleichsinstrument. Nun möchte ich aus meiner Erfahrung als Mann erklären: Wenn eine Frau einem Mann ein Lob aussprechen möchte, dann bitte raus damit. Aber wenn das Lob darauf abzielt, dass der Mann so gut zuhört oder aufmerksam ist, dann reicht ein einfaches "Danke" oder ähnliches. Bitte sagen Sie nie zu einem Mann: "Ich möchte nie mehr so einen Freund oder Freundin wie diese!" Dieser Satz ist die verbale Kastration eines Mannes. Danke!

Es scheint eine klare Aussage zu sein, wenn ich sage: "Ich möchte nie mehr so eine Frau haben wie meine Ex!" Aber ist es das wirklich? Mein Gehirn fängt an, meine Ex zu betrachten und sagt: "Nie mehr eine Frau wie deine Ex!" Okay, bedeutet das, dass meine nächste Frau keinen Busen haben soll? Aber Frauen haben nun mal einen Busen, also was soll ich tun? Was genau stört mich am Busen? Vielleicht die Nippel? Aber ich habe doch gerne mit ihnen gespielt! Stunden später ist mein Gehirn in einem Wirrwarr gefangen, egal ob ich betrunken oder nüchtern bin.

Da mein Gehirn keine Antwort auf die Frage findet, ob Frau mit oder ohne Busen und Busen mit oder ohne Nippel, sucht es nach einer Frau mit dem gleichen Busen wie meine Ex. Die Frauenverbände werden sich bestätigt fühlen: "Männer achten nur auf das Äußere!" Aber da muss ich widersprechen, bevor ich auf die inneren Werte eingehe. Mein Bruder hat es einmal so formuliert: "Wir Männer haben die Gabe von Gott erhalten, die nach Außen gekehrten Innenwerte einer Dame zu sehen." Und ihr Damen schaut nur auf die inneren Werte eines Mannes, aber es gibt noch etwas Aussagekräftigeres als das Herz, wenn mir nur der Name einfiele... Ach ja, die Geldbörse! Also habe ich meinem Gehirn diesmal keine Richtung gegeben, wonach ich suche, zum Beispiel in Bezug auf den Busen. Wenn ich gesagt hätte, dass ich lieber einen kleinen Busen möchte, hätte mein Gehirn das sofort verstanden und vielleicht wäre dann noch die Frage nach der genauen Größe aufgekommen. Dafür könnte ich im Internet nach einer passenden Vorlage suchen, ohne eine Dame anstarren zu müssen. Sie soll nicht so zickig sein! Das könnte ein weiterer Punkt sein, also meine Neue soll keine Zicke mehr sein wie meine Ex. Und jetzt gerät das Gehirn eines Mannes in Fahrt!

Was bedeutet zickig und wie soll sie stattdessen sein? Wie erkenne ich im Voraus, dass sie eine Zicke ist? Wann darf sie auf keinen Fall zickig sein? Wann darf eine Dame vielleicht doch zickig sein, wenn man es mag? Viele Fragen und keine Antworten. Und was noch schlimmer ist, wir können nicht einfach die gleiche oder noch besser dieselbe Freundin bekommen, wir schließen jetzt einmal aus, dass wir wieder zusammenkommen. Da jeder Mensch anders ist, ist jede andere Freundin nicht gleich wie die Ex. Aber warum geraten wir dennoch immer wieder an ähnliche Typen? Ganz einfach, wie schon gesagt.

Unser Gehirn vergleicht und bewertet unsere Chancen, besondere Typen von Menschen zu bekommen oder von ihnen einen Korb zu kriegen. Das Ganze hört sich jetzt vielleicht etwas nach Jagen, Erobern, in Besitz nehmen an, aber diese Begriffe beschreiben am besten die Situation, unsere Jagd nach einem Partner. Unser Gehirn übernimmt die bewusste Umsetzung bei der Erkennung und Eroberung einer neuen Liebe. Es möchte uns vor Misserfolgen bewahren und uns vor Enttäuschung schützen.

Stellen wir uns einen Leoparden in der Savanne Afrikas vor. Warum laufen Kaffernbüffel nicht vor einem Leoparden weg? Weil ein Kaffernbüffel gelernt hat, dass ein kleiner Leopard ihm nichts antun kann. Ebenso hat ein Leopard von seiner Mutter gelernt, einen weiten Bogen um Kaffernbüffel zu machen, weil diese Raubtierjunge im Rudel angreifen und zu Tode trampeln. Wenn ein Leopard eine Gazelle sieht, weiß er sofort, wann und welche Gazelle er bekommen kann. Raubtiere suchen sich immer das leichteste Opfer aus oder ab und an auch das Opfer, von dem sie eine besonders gute Ausbeute erwarten. Und genauso gehen wir auch bei der Partnersuche vor: "Aber Frauen haben doch einen Busen und eine Frau ohne Busen ist doch keine Frau, also was soll ich machen?" Vielleicht klingt das für einige Frauen komisch, aber so denken Männer nun mal. Es fällt mir schwer, das zu erklären, und danach versucht ihr, uns zu verstehen. Wenn jemand meine Meinung dazu interessiert, hier ist sie: Frauen und Männer werden eher Katzen und Hunde heiraten, als dass sie dieselbe Sprache sprechen. Das Gehirn eines Mannes ist immer noch aufgrund unserer evolutionären Geschichte als Jäger ausgerichtet, auch wenn wir das nicht wahrhaben wollen. Wir Menschen sind evolutionär gesehen noch sehr jung und daher ist unser Körper eher darauf ausgelegt, zu jagen und zu sammeln, als vor dem Computer sitzend Chips und Cola zu konsumieren.

Als Männer haben wir einen großen Vorteil bei der Partnersuche im Vergleich zu unseren männlichen Artgenossen in der Tierwelt. Wir können uns vor der Annäherung betäuben, unsere Sinne ausschalten und so auch Frauen ansprechen, die uns sonst nicht auffallen würden. Leider ist es tatsächlich so, dass wir manchmal Mut durch Alkohol schöpfen müssen, um eine Frau anzusprechen, bei der wir sonst nicht den Mut hätten. Im betrunkenen Zustand können wir unser Gestammel besser verkaufen und Komplimente wie "Deine Schönheit raubt mir die Sprache" kommen besonders gut an. Wenn wir das nüchtern sagen würden, würde uns dieselbe Frau wahrscheinlich abweisen. Deshalb werden wir dazu erzogen, uns zu betrinken, bevor wir die Frau unserer Träume ansprechen. Doch halt!

An alle Männer, die jetzt das Buch weglegen und sich eine Kiste Bier schnappen wollen, um auf Frauenjagd zu gehen: Dieses Buch soll euch helfen, eure Probleme zu bewältigen und nicht, wie ihr plötzlich eine Frau nach der anderen abschleppen könnt. Schade! Denn wenn ihr eure Ex schon im betrunkenen Zustand getroffen habt, bedeutet das, dass euer Gehirn wie ein Computer funktioniert. Diese Strategie hat bereits bei eurer Ex funktioniert und wird auch bei eurer Ex-Ex und zukünftigen Ex funktionieren. Es sei denn, ihr geht nicht mehr in die Disco oder andere Party-Treffs. Das Alter kann uns diese Pechstrategie zerstören. Wir können uns nicht mehr in der Disco betrinken, werden durch den Job oder andere Verpflichtungen von unserer gewohnten Umgebung und unseren Freunden und Bekannten getrennt. Kurz gesagt, wir werden älter und alles ändert sich. Diese Veränderungen können eine große Gefahr für unsere Pechsträhne sein. Und genau deshalb müssen wir daran festhalten. Wenn wir einmal in einer Pechsträhne stecken, dürfen wir nichts ändern.

Denn Veränderung birgt die Chance auf Glück und Erfolg und das ist absolut uncool. Wenn wir unserem Gehirn unvollständige Informationen über unsere Ziele geben oder unsere Ziele unrealistisch hoch setzen, können wir uns auf eine unglückliche Zukunft einstellen. So bekommen wir fast den gleichen Partner wie zuvor, der Partner wird über die gleichen Witze lachen und genauso gut aussehen wie die Ex. Denn wenn wir einen Menschen auf die gleiche Art und Weise ansprechen, mit denselben intellektuellen Sprüchen und uns wie gewohnt verhalten, wie kann dieser Mensch dann anders sein als die Ex? Ein Löwe jagt eine Antilope anders als ein Leopard und einen Kaffernbüffel jagt der Löwe anders als ein Nashorn! Selbst die Tiere haben erkannt, dass man die Jagdstrategie ändern muss, um eine andere Beute zu fangen. Selbst Krokodile haben unterschiedliche Vorgehensweisen für unterschiedliche Beutetiere entwickelt, aber sie haben dafür Hunderte von Jahren gebraucht. Wie sollen wir Männer das also schneller schaffen?

Ich möchte auch etwas über schlechte Gewohnheiten erwähnen, die man vermeiden sollte, wenn man Pech anziehen möchte. Denn das Folgende ist leider wahr: Unser Verhalten beginnt mit unserem Denken und unser Denken entscheidet darüber, wer wir sind. Erst wenn wir lernen, anders zu denken und die Welt anders zu akzeptieren, werden wir Chancen als solche erkennen können. Eine Veränderung des Denkens führt zu einer Veränderung des Handelns und beides verändert unser Leben.

Es ist nicht wichtig, ob das Glas halb voll oder halb leer ist. Wichtiger ist, ob wir überhaupt noch das Glas sehen können. Wir müssen akzeptieren, dass wir unsere Zeit nur einmal ausgeben können. Das bedeutet, dass wir entweder über etwas nachdenken oder handeln können. Wir können entweder meckern und nörgeln (diese Gefühle dürfen wir natürlich zeigen, da sie für Probleme und ein frustriertes Leben sehr hilfreich sind) oder wir können akzeptieren und negative Gefühle Schritt für Schritt durch eine Veränderung unserer Fokussierung verschwinden lassen. Ich kann dieses Problem, negative Verhaltensweisen gegen Probleme aufzuschreiben, einfach nicht loswerden. Für mich persönlich ist das gut. Ob es für euch gut ist oder nicht, ist mir gerade egal! Oh, möchtest du meckern oder dich beschweren? Dann ist das perfekt, um deine Probleme zu behalten und eine negative Grundhaltung zu bewahren.

Was ist, wenn ich eine wunderschöne, intelligente, charmante und unkomplizierte Frau hatte, die mir jeden Wunsch von den Augen abgelesen hat? Nun, wach auf, denn du träumst gerade. So etwas gibt es nicht! Genauso wenig wie Männer, die nur kuscheln wollen.

Falls es doch wahr sein sollte, dann ändere sofort dein Leben. Sprich anders, kleide dich anders, gehe an andere Orte, höre auf, dich regelmäßig zu duschen und wechsle deine Unterwäsche nur noch zweimal im Monat. Körperkult ist tabu! Lerne das Rülpsen und Furzen in der Öffentlichkeit. Wasche dir nach dem Pinkeln nicht mehr die Hände und lass etwas männlichen Schweiß zu. Dein Hemd darf ruhig einen drei Tage alten Schweißrand haben und deine Zähne dürfen nach dem Essen bei deiner Mama vor drei Wochen riechen. Gute

Manieren sind ab jetzt tabu! Du darfst Frauen höchstens beim Hochheben des Kleides helfen, aber öffne keine Türen mehr für andere, biete keinen Platz an und sprich nicht respektvoll über Frauen. Frauen wollen als "Kleines" oder "Püppchen" angesprochen werden.

Aber all das hilft dir nicht, dich vor attraktiven Frauen zu schützen, wenn du Geld hast oder berühmt bist. Denn wenn du reich oder berühmt bist, verlieren 99,98 Prozent aller Frauen den Verstand und wollen dich trotz deiner Fehler haben. Ich muss sagen, dass meine Ex auch eine wunderschöne, intelligente und charmante Frau ist. Was ich mit ihr erlebt habe, behalte ich für mich. In ihr habe ich alles gefunden, was ich zu der Zeit in meinem Leben gebraucht habe. Und wenn ich ihren Worten glauben kann, bin ich immer noch ihr kleiner Spatz. Es fällt mir wirklich schwer, den Weg von Pech und Versagen wieder aufzunehmen.

Vor einer idealen Frau muss ich jeden warnen. Es gibt andere Frauen, die unsere Schattenseiten entdecken und fördern können. Sie bringen Verantwortung, Zielbewusstsein, Güte, Engagement und Mut in uns zum Vorschein. Leider muss ich gestehen, dass ich von diesen Eigenschaften infiziert bin und es scheint, dass ich sie mein Leben lang nicht mehr loswerde. Deshalb möchte ich euch dringend davor warnen. Ich spreche aus Erfahrung. Wir träumen zwar von einem luxuriösen Auto und einer attraktiven Partnerin, aber weder Geld noch Erfolg machen uns wirklich glücklich.

Beides erfordert harte Arbeit und wird nicht einfach geschenkt. Mitleid hingegen bekommen wir umsonst und es tut gut! Wir sollten uns immer überlegen, ob wir wirklich für etwas kämpfen wollen, das uns Neider verschafft und

Missgunst hervorruft. Mitleid tut nicht nur dem Bedauerten gut, sondern auch der Mitleidige fühlt sich besser angesichts des Elends anderer Menschen. "Der Ärmste, ihm widerfährt immer etwas Schlechtes, das Schicksal meint es schlecht mit ihm." Wenn wir also Pech haben wollen, sollten wir einfach so weitermachen wie bisher! Wir sollten dieselben Gedanken haben, dieselben Menschen treffen, über dieselben Geschichten sprechen und dasselbe lesen. Wenn ich bisher nur Pech im Job hatte, sollte ich mir keine Gedanken über meinen Traumjob machen. Ich sollte weiterhin nur arbeiten, um Geld zu verdienen, und bloß kein größeres Engagement zeigen als nötig. Bei der Jobsuche sollte ich klarstellen, dass ich nur hier bin, weil die Arbeitsagentur mich dazu verpflichtet hat, mich zu bewerben. Ich sollte zeigen, dass mir jeder Job egal ist, solange das Gehalt und die Arbeitsbedingungen stimmen.

Eine Personalmanagerin eines Alten- und Pflegeheims erzählte mir letztens von einer erfolglosen Bewerbung. Mehrere Bewerber antworteten auf die Frage, warum sie hier seien, mit: "Die Arbeitsagentur hat mich zu Dir (ja nicht Ihnen sondern Dir) geschickt, weil Ihr jemanden hier sucht." Das ist eine großartige Vorstellung, wenn man keine Arbeit haben möchte.

Pech zu haben ist schon schwierig genug im Leben! Pech anzuziehen bedeutet immer, an das Pech zu denken und nicht zu vergessen, was man nicht denken möchte, damit man nicht das denkt, was absolut nicht geschehen soll, weil es ganz oben auf meiner Wunschliste steht. Also möchte ich bloß kein Pech haben, dann muss ich daran denken, bloß kein Pech zu haben, und dann werde ich auch kein Pech haben. Stattdessen wird mein Pech gigantische Ausmaße annehmen, und dann muss ich denken, dass ich bloß kein gigantisches Pech haben möchte, und dann werde ich kein gigantisches Pech mehr haben, sondern ein super-gigantisches Pech und so weiter. Zusammengefasst, was bedeutet es, Pech anzuziehen?

Stellen Sie sich zwei Städte vor: Glückstadt und Pechstadt. Wenn Sie wider Erwarten Glück haben wollen, dann konzentrieren Sie sich auf Glückstadt und denken nur daran. Blenden Sie Pechstadt aus. Es ist wie beim Autofahren. Natürlich können Sie die Landschaft betrachten. Aber was passiert, wenn Sie einparken wollen? Dann schauen Sie genau dorthin, wo Sie hinwollen. Beim Glück haben müssen wir genauso auf Glückstadt achten und sicherstellen, dass wir dorthin gelangen und uns nicht von Hindernissen bremsen lassen. Beim Glück haben gibt es viele kleine Dinge, auf die wir achten müssen, genauso wie beim Einparken. Sobald wir das gelernt haben, klappt es immer besser und irgendwann können wir es mühelos.

Aber dafür werde ich Ihre Zeit hier nicht verschwenden!

Wir wollen ja in die Pechstadt! Damit wir nicht von anderen diskriminiert werden, denn in unserer Zeit ist Glück und Erfolg alles, sollten wir so tun, als ob wir Glück haben wollen und behaupten: "Ich möchte in die Glückstadt fahren, auch wenn ich nicht genau weiß, wo diese überhaupt ist oder wie ich da hinkommen könnte." Da fast niemand den genauen Weg kennt, ist jeder Weg der richtige. Was wir tun können, ist, nicht zur Pechstadt zu wollen. Dennoch bleibt diese Stadt für uns sichtbar und wir können problemlos in die entgegengesetzte Richtung fahren. Ich hoffe, ich habe Ihnen genügend Hinweise gegeben, wie Sie Pech anziehen können. Ansonsten könnte es auch eine Fortsetzung geben.

UND LASSEN SIE SICH ÜBERRASCHEN ...

Oh verdammt, wieder dieses Problem mit dem Überraschen.

Was haben Überraschungen mit Pech, Problemen und anderen unangenehmen Zuständen zu tun? Es ist nicht einfach, den Zusammenhang herzustellen, aber wenn wir darüber nachdenken, werden wir feststellen, dass Überraschungen oft negativ sind. Daher können wir sagen, dass Überraschungen schlecht sind. Kürzlich hat jemand, mit dem ich gesprochen habe, eine unerwartete Überraschung erlebt. Er wird bald ein Foto von einem teuren Wanderfotografen erhalten, obwohl er solche Fotos eigentlich nicht mag. Dadurch wird er in Zukunft mehr Zeit in der Natur verbringen und sein Fahrrad öfter benutzen können.

Aber wie können wir Überraschungen nutzen, um Pech zu haben oder nichts zu erreichen? Indem wir uns nicht anstrengen und einfach die Dinge auf uns zukommen lassen. Wir können einen detaillierten Plan für unsere Zukunft erstellen und uns strikt daran halten, ohne Abweichungen zuzulassen. Dadurch haben wir eine perfekte Ausrede, wenn wir unsere Ziele nicht erreichen. Wir können unsere Ziele bis ins kleinste Detail planen und jeden Schritt genau festlegen.

Wir können einen Plan erstellen, der zu 100% zum Erfolg führen soll. Aber ich garantiere Ihnen, dass Sie mit einem solchen Plan kein einziges Ziel erreichen werden. Warum? Versuchen Sie doch einmal, den morgigen Tag im Voraus zu planen! Wann werden Sie aufstehen? Wie oft werden Sie zur Toilette gehen und wie lange werden Sie dort verbringen? Was werden Sie zum Frühstück essen und wie lange werden Sie kauen? Welchen Artikel werden Sie lesen und wie lange werden Sie dafür brauchen? Sie wissen nicht, was in der Zeitung stehen wird? Dann informieren Sie sich besser vorher. Sie sollten auch wissen, wer Sie anruft und was der Anrufer von Ihnen möchte. All diese Dinge können Sie kontrollieren. Sie können sich abschotten und nur Wasser und trockenes Brot essen, um Ihre Verdauung so zu stabilisieren, dass Sie genau wissen, wann und wie lange es dauert. Wenn Sie den Kontakt zu anderen Menschen vermeiden, müssen Sie sich keine Gedanken über Anrufe machen und auch nicht darüber, worüber Sie mit anderen sprechen.

Aber wissen Sie, was besonders schwer zu planen ist? Ihre Gedanken! Versuchen Sie doch einmal, genau zu wissen, was Sie als nächstes denken werden. Nein? Das ist enttäuschend. Es ist doch so einfach! Oder etwa nicht? Genau hier liegt das Problem. Keiner von uns weiß, was er wann und wie lange denken wird. Aber genau das zu wissen, ist entscheidend, wenn man einen Plan zu 100% umsetzen möchte. Ich habe es trotz aller Schwierigkeiten geschafft. Ich bin ein fokussierter und präziser Mensch. Ich habe mir zum Ziel gesetzt, zwischen 10 Uhr morgens und 12 Uhr mittags meine besten Ideen zu haben, und das habe ich geschafft.

Eine meiner ersten Maßnahmen war es, keine Ideen vor 10 Uhr oder nach 12 Uhr zu akzeptieren. Wenn mir außerhalb dieser Zeit gute Ideen gekommen sind, habe ich sie ignoriert oder mich sogar bestraft. Es war nicht einfach, aber ich habe es geschafft. Ich habe mich selbst mit Schlafentzug bestraft, wenn mir abends vor dem Einschlafen gute Ideen gekommen sind. Ich habe anderen verboten, mir etwas Lustiges oder Interessantes zu erzählen, um mich nicht vom Denken abzulenken. Dabei habe ich festgestellt, dass mir immer wieder spontane Gedanken gekommen sind, selbst wenn die Situation uninteressant war. Manchmal habe ich wichtige Problemlösungen ignoriert, weil sie außerhalb meiner festgelegten Denkzeiten aufgetaucht sind. Ich habe einfach nicht verstanden, dass ich mir alle Möglichkeiten zwischen 10 Uhr morgens und 12 Uhr mittags offenhalten wollte, um jeden Gedanken einzufangen.

Ich wurde an eine Gehirnstrommessapparatur angeschlossen und habe meine Gedanken aufgezeichnet. Aber trotzdem kamen meine besten Ideen nicht in dieser Zeit. Aber ich habe trotzdem gewonnen. Und deshalb kann ich Ihnen sagen, dass ich es geschafft habe. Egal, welche Probleme mir begegnen, ich habe auf alle Fragen eine Antwort. Bevor ich die Antworten preisgebe, möchte ich sicherstellen, dass Sie gut aufpassen. Jetzt habe ich meine besten Ideen nur noch zwischen 10 Uhr morgens und 12 Uhr mittags und meine Antwort auf Anfragen lautet immer: "Sorry, habe keine Ahnung!" Das funktioniert so gut, weil ich den ganzen Tag über keine Ideen mehr habe, weder zwischen 10 Uhr morgens und 12 Uhr mittags noch nachts. Ich darf auch kein Auto mehr fahren, weil spontane Gedanken nicht mehr existieren und sogar das Essen wird von einer Maschine für mich übernommen.

Ich habe mein Gehirn besiegt und es zeigt mir keine guten Ideen mehr außerhalb von 10 Uhr morgens und 12 Uhr mittags. Somit kann ich genau planen, was ich nicht schaffen kann. Überraschungen sind zwar unangenehm, aber wir müssen lernen, mit ihnen umzugehen, um unsere Probleme zu bewältigen. Oft werden uns Lösungen präsentiert, die wir nicht wollen oder für Probleme, die wir nicht haben.

Auch Krankheiten können uns überraschen, plötzlich auftauchen und genauso schnell wieder verschwinden. Dann stellt sich die Frage, wie wir mit der plötzlichen Gesundheit umgehen sollen. Es sind andere Probleme als während der Krankheit. Wenn wir beispielsweise Knieprobleme haben, können wir nichts tragen oder Treppen steigen. Wenn die Schmerzen plötzlich weg sind, müssen wir wieder alltägliche Aufgaben erledigen. In solchen Fällen sollten wir so tun, als hätten wir immer noch Schmerzen und sagen: "Lassen Sie sich überraschen!" Denn solche Krankheiten können genauso schnell wiederkommen, wie sie verschwunden sind.

GESCHÄFTSSINN UND -ENERGIE VERNICHTEN

Diese Geschichte handelt von Tanja, die bereits in der Grundschule im Alter von 9 Jahren ihre Leidenschaft für den Handel entdeckte. Sie tauschte alles Mögliche: Schuhe, Federmappen, Spielzeugautos. Ihre Geschäftspartner waren Kinder im gleichen Alter und fühlten sich nie betrogen. Interessanterweise hatten auch deren Eltern kein Problem damit, dass ihre Kinder mit einem anderen T-Shirt nach Hause kamen, als das, mit dem sie losgezogen waren. Tanja achtete darauf, niemanden auszunutzen, da sie jeden Tag mit ihren Kunden zu tun hatte. Dann zog sie um und der Handel kam für zwei Jahre zum Erliegen. Nach einem weiteren Umzug und Schulwechsel hatte sie die Möglichkeit, ihren Handel wieder aufleben zu lassen. Auch mit 12 Jahren hatte sie keine Probleme mit ihren Kunden und auch die Eltern beschwerten sich nie. Wenn es mal eine Umtauschaktion gab, war die Sache erledigt. Aber die Eltern ihrer Schulkameraden hatten nie einen Grund dazu! Bis auf Tanjas Mutter! Es dauerte einige Jahre, bis sie überhaupt bemerkte, dass Tanja andere Schuhe und T-Shirts trug als die gekauften. Die Krise brach aus, als Tanja eines Tages mit nagelneuen Cowboystiefeln nach Hause kam, obwohl sie um schwarze Samtschuhe gebeten hatte. Die hatte sie nämlich schon zwei Wochen lang getragen und das war zu viel für ihre Mutter. "Du kannst doch deine billigen, ausgelatschten Dinger nicht gegen neue Stiefel tauschen! Von wem hast du die Schuhe? Sofort machst du das wieder rückgängig! Was sollen denn die Eltern von dem Mädchen denken!" Die Eltern des Mädchens waren zufällig sehr wohlhabend und etwas streng, was die Kleiderordnung für ihre geliebte Tochter betraf. Tanja hatte die Samtschuhe auf Bestellung organisiert und wollte unbedingt Cowboystiefel!

Bei ihrer Mutter hatte sie keine Chance. Nachdem sie lange genug verhört worden war, musste sie verraten, wo die Samtschuhe geblieben waren. Ihre Mutter schleifte sie sofort zur angegebenen Adresse und zwang sie zu einer äußerst peinlichen Umtauschaktion, bei der ihre Freundin sogar noch mehr Ärger bekam als sie selbst. Danach wurden ihre Besitztümer streng kontrolliert und wenn etwas Unbekanntes dabei war, folgte ein strenges Verhör.

Das schützt auch vor Ladendiebstahl! Also gab Tanja das Feilschen auf und suchte sich neue Hobbys. Unauffällige Hobbys, die keine materiellen Spuren hinterlassen.

Die Erwartungen und Meinungen anderer Menschen können uns beeinflussen und uns dazu bringen, uns anders zu verhalten oder Dinge zu verbieten, obwohl es für uns keinen logischen Grund gibt. Diese Art des Verhaltens kann negative Auswirkungen auf unsere Leben haben, insbesondere bei Kindern.

Bei Kindern sollten wir so anständig sein, dass wir es ihrer Kreativ überlassen ihre Probleme, des Lebens, selbst zu finden. Und sollte eines unserer Kinder, doch der Weg der Problemtugend verlassen, dann habt ihr ein neues Problem für euch erschaffen. Auch nicht schlecht!

VORSICHT VOR AUFGABEN

Haben Sie ein Problem oder nur eine Aufgabe, die Sie lösen könnten?

In der Unternehmensberatung gibt es Verfahren zur Problemlösung mit klangvollen Namen wie "G8D" und "RISE". Mit diesen Werkzeugen kann jedes Problem gelöst werden. Sie basieren auf einer logischen Fragestellung, die bis zur Wurzel des Problems führen kann. In der Unternehmensberatung können diese Werkzeuge auch dann eingesetzt werden, wenn die Informationen ungenau oder auf Gerüchten basieren. Man kann auch dann keine Lösung finden, wenn das Problem und die Aufgabe bereits bekannt sind. Manchmal ignorieren Unternehmen geeignete Aufgaben zur Problemlösung, weil sie anders sind als gewünscht. Diese Aufgaben werden verworfen und nicht angenommen. Zum Beispiel erkennt das Verfahren, dass eine Maschine keine stabilen Prozesse zulässt, weil sie zu alt oder abgenutzt ist. In diesem Fall muss die Maschine ausgetauscht werden. Wenn man die Maschine nicht austauschen möchte, hat man ein Problem mit der verantwortlichen Person. Selbst bei den besten Unternehmen der Welt ist Problemlösung ein heißes Thema.

Ingenieure haben keine Zeit, ein Problem beim ersten Auftauchen zu lösen, wenn sie es bereits zum zehnten Mal lösen wollen. Weltkonzerne haben oft die Ressourcen, um Probleme zu lösen, nutzen sie aber nicht. Manche Mitarbeiter haben kein Interesse daran, besser zu werden oder bestimmte Probleme zu lösen.

Unternehmen möchten Probleme lösen, um sich anschließend von den Mitarbeitern zu lösen. Sie tun alles, um die Probleme nie wirklich zu lösen. Was können wir von diesen Weltkonzernen lernen? Wenn wir ein Problem behalten möchten, müssen wir denjenigen, die es lösen könnten, subtil klarmachen, dass es für sie nachteilig wäre, es zu lösen. Ein weiterer Punkt ist, unlogisch zu argumentieren und Zusammenhänge herzustellen, die nichts miteinander zu tun haben.

Absoluten Schwachsinn zu reden, macht es unmöglich, verstanden zu werden, wenn man ein Problem hatte. Selbst das beste Problemlösungswerkzeug "RISE", entwickelt von meinem Freund und Unterstützer John Dutton, der auch maßgeblich an "Weil es regnet, kann ich nicht Bügeln, weil dadurch mein rechter Ellbogen schmerzt, wenn aber die Sonne scheint, ist es viel zu schade, sowas Langweiliges zu tun wie zu bügeln, würde ich doch bügeln wollen, so müsste ich mich extra dick anziehen, weil ich beim Bügeln zum Schwitzen neige und kein Schweiß auf die frisch gebügelte Wäsche fallen soll, der sonst garantiert fallen würde, wenn ich etwas weniger an hätte, wobei ich dann auch weniger schwitzen würde, was ich aber nicht ausschließen kann, wenn es regnet und der Telefonhörer durch sein Klingeln meine Nerven zum Bersten bringt und ich dadurch nur dann bügeln kann, wenn ich ein Problem mit dem Bügeleisen habe, so dass es unmöglich ist, etwas zu bügeln!" beteiligt war, kann in solchen Fällen nicht helfen.

Die Geschichten aus Unternehmen, die Probleme hegen und pflegen, beruhigen mich. Unsere Probleme werden nie ausgehen und sich auch nicht zu Herausforderungen entwickeln. Diese Einstellung ist abscheulich und nicht förderlich, um unsere Probleme zu behalten.

ANDEREN DIE SCHULD ZUSCHIEBEN

Es macht Spaß und entlastet uns von jeglicher Verantwortung, anderen die Schuld zuzuschieben. Anstatt zu sagen "Das war ich nicht!" oder "Ich hab nichts gemacht!", hätte ich vielleicht weniger Probleme in meinem Leben verursacht. Deshalb möchte ich mich offiziell entschuldigen. Am Ende ist es am besten, seine Probleme zu behalten, indem man einfach behauptet, sie gehören Klaus, Egon, Emily oder Heinz Kunst.

Schuld auf andere abzuwälzen bedeutet, dass man andere dazu zwingt, sich zu verändern, um selbst keine Veränderungen vornehmen zu müssen. Ich möchte Ruhe haben, also müssen alle um mich herum leise sein. Ich verbiete euch, eure Toleranz gegenüber Lärm zu verbessern. Es ist wie bei kleinen Kindern, sie brauchen Ruhe und wenige Geräusche, um sich positiv zu entwickeln. Du solltest mittlerweile wissen, dass ich ein Problem damit habe, Kindern neue Problemen anzuheften. Deshalb musst du es akzeptieren. Du bist selbst schuld. Nein, nicht du selbst, es war die Werbung, die dich auf das Buch aufmerksam gemacht hat.

Es ist wichtig, Kindern beizubringen, gelassen auf Geräusche zu reagieren. Wenn Kinder merken, dass wir Angst vor Geräuschen haben, die sie aufwecken könnten, nehmen sie dies als Hinweis, besonders auf gefährliche Geräusche zu achten. Unsere Sinne sind immer auf der Suche nach Beschäftigung, und die Entwicklung des Hörsinns war für Neugeborene neben der Erkennung von Mikrogesten von großer Bedeutung. Kontinuierliche Lärm-Geräusche (Straße,

Musik usw.) beeinflussen die Gehirnentwicklung und können diese vorzeitig abbrechen lassen.

Schaut als Eltern viele kurze Reels oder Filme mit schnellen Bildsequenzen an, um Stress bei euch zu verursachen und Probleme zu machen. Ich könnte euch jetzt erklären, warum das so ist, aber ich möchte euch nur einen Hinweis geben. Es hat mit unserer Orientierung zu tun. Wenn ihr solche Filme anschaut, fühlt ihr euch zunächst gut. Ihr seid wach und aktiv, aber ihr bemerkt nicht, dass eure anschließende Trägheit, Unzufriedenheit und Stress genau daraus resultieren. Auch eure Impulskontrolle kann durch diese ständige Neuorientierung beeinträchtigt werden. Dieses Geheimnis solltet ihr für euch behalten.

Und wenn ihr anderen davon erzählt, ist es auch egal, denn es gibt viele Gegenbeispiele. Egon schaut auch immer solche Sachen und ist immer entspannt und aktiv. Erinnert ihr euch noch an die vegane Ernährung? Wenn nicht, dann viel Spaß beim Neulesen. HiHi. Wenn ihr euch zufällig daran erinnert, könnt ihr das Beispiel mit dem Essen auch als Schuldzuweisung nutzen. Wenn man den Zeitrahmen geschickt setzt, ergeben sich wunderschöne Alternativen, um Probleme und Schuld gezielt zuzuweisen.

Veränderungen sind oft schmerzhaft. Man steht an einem Punkt, an dem man zwischen der alten und der neuen Welt steht. Hier muss man sich entscheiden: Soll man den kalten Rubikon überschreiten oder lieber auf der vertrauten Seite des Lebens bleiben? Wer würde schon freiwillig durch einen kalten und reißenden Fluss gehen? Hier kennst du deine Probleme, auf der anderen Seite werden dich Neue überraschen.

Heute habe ich endlich mein Buch fertiggestellt. Das letzte Kapitel, das bis letzte Woche noch in der Mitte war, habe ich nun an den Schluss gesetzt. Die Reihenfolge der Kapitel habe ich ausgelost, mit Ausnahme des ersten Kapitels. Dabei sind jedoch zwei neue Probleme aufgetaucht. Zum einen weiß ich nicht, was ich mit der freigewordenen Zeit anfangen soll. Zum anderen habe ich das zweite Problem vergessen. Jetzt mache ich mich gleich auf die Suche danach.

Ein letzter Tipp:

Wenn wir gegen etwas kämpfen, geben wir dem Gegner noch mehr Energie und Raum! (Problem ist für die nächsten Jahre gesichert!)

Deshalb solltet ihr vorsichtig sein, wenn euch jemand den Vorschlag macht: "Finde etwas, wofür du bist (Frieden, Offenheit usw.), und setze dann genau dafür deine Energie ein!"

In diesem Fall solltet ihr am besten sofort das Weite suchen!

Dieser Tipp hat die Macht, alle Probleme zu zerstören. Die einzige Lösung besteht darin, wegzulaufen und zu verleugnen!